Karl

Ko

stlin

Goethe's Faust : seine Kritiker und Ausleger

Karl
Ko
..
stlin

Goethe's Faust : seine Kritiker und Ausleger

ISBN/EAN: 9783742869395

Hergestellt in Europa, USA, Kanada, Australien, Japan

Cover: Foto ©Thomas Meinert / pixelio.de

Manufactured and distributed by brebook publishing software
(www.brebook.com)

Karl

Ko

stlin

Goethe's Faust : seine Kritiker und Ausleger

Göthe's Faust,

seine Kritiker und Ausleger.

Von

Dr. Karl Köstlin,

Professor der Philosophie an der Universität Tübingen.

Inhalt.

Die goldene Aera der Fausterklärungen und Faustkritiken liegt weit hinter der Gegenwart zurück. Sie stand in voller Blüthe, so lange das Gedicht noch Bruchstück war und durch diese seine Unabgeschlossenheit der Freiheit des Ein= und Aus=legens unbeschränkten Spielraum gewährte; sie begann bereits zu erbleichen, als das Werk endlich vollständig vorlag und hiemit eine Masse von Fragen und Vermuthungen über Fort=setzung und Schluß, über Sinn und Absicht des Ganzen erledigt war; sie gieng ihrem Ende entgegen, seit das ein=seitige litterarische Interesse der zwanziger und dreißiger Jahre hinter andern großen Zeitbewegungen zurücktrat und damit auch für die Untersuchungen über Göthe's Faust ein gutes Theil derjenigen Wichtigkeit wegfiel, welche sie in jener philo=sophisch-ästhetischen Epoche des deutschen Geisteslebens behauptet hatten. Das strenge Gericht, welches damals der erste Aesthe=tiker der Jetztzeit über die bisherigen Bearbeitungen und Er=klärungen ergehen ließ [1]), kam eben recht, um auch auf dem Boden der Wissenschaft jener ersten Periode der Faustlitteratur ihren Ausgang anzukündigen; es setzte der begeisterten Ueber=schwenglichkeit, der gemüthlichen Redseligkeit, der gedanken=eifrigen spekulativen Deutungslust, welche bis dahin in un=schuldigem Behagen ungestört sich breit gemacht, ein unwider=rufliches Ziel; es reinigte die schwül und dunstig gewordene Luft, es wies hin auf die einzig richtige und gesunde Bahn philosophischer Auffassung ohne falsche Mystik, dialektischer

Durchbringung ohne leere Grübelei, scharfer Kritik ohne Vor=
eingenommenheit und abgöttische Bewunderung. Seitdem ist
daher denn auch der Charakter der Behandlung ein ganz an=
derer geworden. Man bestrebt sich das Gedicht zu verstehen,
statt es spekulativ zu begreifen; man bemüht sich es zu erklären,
statt es „aus der Idee" zu konstruiren; man geht namentlich
dem Proceß seiner Entstehung bestimmter nach, man sondert
schärfer als früher die ältern Stücke von den jüngern und
sucht über das Verhältniß beider ins Klare zu kommen, man
nimmt das thatsächlich nur langsam und allmälig ausgereifte
Gedicht nicht mehr in Bausch und Bogen hin als ein Werk
aus Einem Guß, sondern zerlegt es in seine Theile, selbst
auf die Gefahr, daß dabei vielfach Risse und Brüche zu Tage
kommen, die mit der Forderung strenger poetischer Einheit in
keiner Weise verträglich sind. Auch dieses Werk der kritischen
Zergliederung hat nach theilweisem Vorgang Weiße's [2])
Vischer [3]) entschieden durchgeführt; er wendet sich mit kaum
geringerer Schärfe, wie früher gegen die Kommentatoren des
Dichters, so nun gegen diesen selbst, er deckt klaffende Wider=
sprüche zwischen ältern und spätern Bestandtheilen auf, und
erhebt eine Reihe stark motivirter philosophischer und ästhe=
tischer Bedenken gegen die letztern, welche dem Umfange nach
weit die Hauptmasse des großen Ganzen bilden. Von andrer
freilich sehr verschiedener Seite her hat sodann in den letzten
Jahren auch die Erklärung des Einzelnen eine fruchtbarere
Behandlung erhalten vor Allem durch den Dünzer'schen
Kommentar [4]), welcher endlich den für die Auslegung noth=
wendigen gelehrten Stoff vollständig beischafft und hiedurch
auch die schwerer verständlichen Abschnitte namentlich des
zweiten Theils zugänglich macht. Auch hier ist auf dem aller=
dings trockenen und nüchternen Weg eingehender Erörterung

des Besondern weit mehr für das Verständniß des Ganzen erzielt, als es dereinst bei aller scheinbar geistreichen, aber im Grunde doch nur oberflächlich spielenden hyperphilosophischen Art der Betrachtung möglich war. Kurz eine hinter der jetzigen Stufe deutscher Wissenschaft und Gelehrsamkeit nicht zurückstehende Kritik und Erklärung des Faustgedichts ist erreicht, und zwar dadurch erreicht, daß eben jene verfehlte spekulative Manier durch ihre innere Hohlheit zu einer ernstern schärfern verständigern positivern Behandlung mit Nothwendigkeit hindrängen mußte.

Eine ganz andere Frage ist jedoch die, ob dieser unläugbare Fortschritt, welchen die Kritik und die Erklärung errungen haben, auch einem Dritten, dem gewiß vor Allem ein vollberechtigter gleicher Antheil an diesem Gewinne zusteht, nämlich dem Dichterwerk selbst, genügend zu gute gekommen sei. Diese Frage nun muß ich verneinen; ich muß sie verneinen sowol den Kritikern als den Kommentatoren gegenüber, ich muß gegen Beide im Interesse des Dichters eine Reihe von Einwendungen erheben, die ich um meinen Standpunkt gleich von vorn herein klar zu bezeichnen hier zunächst noch ohne nähere Beweise im Allgemeinen und Wesentlichen zusammenstelle. Die Faustkritik in ihrer jetzigen Entwicklung hat zwar ganz gewiß die Schwächen des Kindesalters entschlossen abgestreift, aber sie hat zugleich, wie ich glaube, mit zu scharfem Muth ihre Waffen gegen schwächere nicht nur, sondern auch gegen bloß schwachscheinende Seiten des Gedichtes eingelegt; sie hat die Nebel, in die sie einst selbst Sinn und Plan des Ganzen hüllte, wieder zu verjagen angefangen, aber sie hat dieß theils nicht ganz und überall, theils nicht ohne zu weit treffende Schläge gegen den ureignen Glanz des Werkes selbst gethan; sie hat längst aufgehört, rath- und

hülflos in den labyrinthischen Gängen des weiten Bau's her=
umzuirren, sie hat sich zur klaren Uebersicht über seine stück=
weise Entstehung und Zusammensetzung, über Alter und Styl
seiner verschiedenen Theile erhoben, aber sie ist stehengeblieben
bei diesem Geschäfte des Scheidens, Trennens, Breschelegens;
sie sieht in den spätern Umgestaltungen und Erweiterungen
des Dichters fast nur Rückschritte und Verschlimmerungen;
und sie thut auch dem Gesammtwerk immer noch philosophisches
Unrecht damit an, daß sie die Lösung allgemeiner metaphy=
sischer Probleme von ihm fordert, welche wol als poetisches
Material zu gebrauchen, nicht aber selbstständig und erschöpfend
zu behandeln des Dichters Pflicht und Absicht sein konnte.
Die Fausterklärung andrerseits kümmert sich in ihrem
neusten Stadium, wie es besonders von Dünzer vertreten
ist, um das Allgemeine doch gar zu wenig, und verhält sich
in kritischer Beziehung übermäßig unparteiisch; sie klebt am
Einzelnen, gibt keine großartigern An= und Uebersichten, sie
sucht offenbare Mängel zu entschuldigen, bewundert viel zu
viel, und geht dann in Folge dieser geistigen Unfreiheit, zu
der sie sich selbst verurtheilt, da und dort auch mit dem Er=
klären selbst im Finstern und Ungewissen; auch sie kommt an
das Werk selber nicht recht heran aus übergroßem Respekt,
wie die Kritik wegen übergroßer philosophischer Ansprüche und
Zumuthungen. Beide gehen noch immer nicht unbefangen
genug ihren Weg, geben sich immer noch nicht eine einfache
natürliche Stellung zum Gegenstande; die Kritik fordert vom
Dichter zu viel, die Erklärung läßt sich zu viel von ihm ge=
fallen; jene bringt zu viel Gedanken mit, diese zu wenig;
jene urtheilt zu früh und zu schnell ab von dem Standpunkt
aus, den sie dem Dichter gegenüber einmal eingenommen,
diese geht des Rechts eigener Bewegung sich begebend mit ihm

fort durch Dick und Dünn, auch wo er irrt und strauchelt, und thut bei allem Fleiße doch nicht, was sie bei freierer Auffaſſung für die Aufhellung des Werks im Ganzen und Großen leiſten könnte.

Die Akten über Fauſt ſind ſomit immer noch nicht ge= ſchloſſen, dem Dichter ſein Recht immer noch nicht geſchehen; dieſes Letzte mit aller Anerkennung des bisher Erreichten zu thun ſcheint mir jetzt die Aufgabe. Stellen wir uns daher auf einen einfachern, unbefangenern Standpunkt der Betrach= tung; vielleicht daß es gelingt, von da aus auch das Dichter= werk in einem einfachern und ungetrübtern Licht zu ſehen, und eine Anſicht von ihm zu gewinnen, welche, ohne blind zu ſein für ſeine Mängel, ihm das Recht angedeihen läßt, nur mit eigenem Maaß gemeſſen, nur nach dem was es ſelbſt ſein will und ſoll geprüft, nur nach poetiſchem, nicht nach philo= ſophiſchem Geſetz gerichtet zu werden.

I. Die ursprüngliche Idee der göthischen Faustdichtung.

Es wird stets ein wesentliches Verdienst Weiße's bleiben, den ersten Anlaß zur litterarhistorischen Kritik des Faustgedichts gegeben zu haben. Er that dieß mit der Hinweisung
darauf, daß dasselbe unter seinen ältern Bestandtheilen mehrere
Stellen enthält, in welchen der **Erdgeist** eine ganz andere
Bedeutung Faust und Mephistopheles gegenüber behauptet, als
fast in allen später fallenden Abschnitten. Der Erdgeist war
es ursprünglich, der Faust's sich annahm, seinen brennenden
Wunsch nach Befreiung aus der Oede und Dumpfheit des
Gelehrtenlebens ihm gewährte, ihm zu diesem Behuf den
Mephistopheles als Begleiter in die „kleine und große Welt"
zusandte und ihm das Glück freien Genusses der Größe und
Schönheit der Natur sowie der Liebe zu Gretchen verlieh,
freilich nicht ohne durch den häßlichen Gesellen, an den er ihn
schmiedete, ihm alle seine Gaben auch wieder zu verleiden, so
daß ein vollkommenes Glück Faust mit nichten zu Theil ward.
Die Scene in Wald und Höhle („Erhabner Geist, du gabst
mir Alles, warum ich bat" u. s. w.) und die ähnliche (obwol in der jetzigen Form erst später ausgeführte), in welcher
Faust wegen des Unglücks der Geliebten den Mephistopheles
verflucht, lassen keinen Zweifel daran aufkommen, daß dem
Erdgeist ursprünglich jene höhere Stellung zugedacht war.

Indeß — dieses Gefühl drängt sich Jedem sogleich auf — mit dieser Entdeckung allein ist doch nur sehr wenig gewonnen, daher auch Weiße selbst nur kurz über sie hinweggeht. Ja sie kann beim ersten Ansehen nur ein Befremden darüber erwecken, wie Göthe dazu gekommen ist, einer so abstrakten, selbst in der ältern Magie und Theosophie nirgends eine besondre Rolle spielenden Figur, wie dieser Erdgeist, eine so große Bedeutung zuzuweisen. Geister wie dieser haben ihren Ort im Gebiet des Phantastischen, des Abenteuerlichen, des Märchens, nicht aber in einem Drama, welches sich so wie Faust mit dem unmittelbaren wirklichen Leben, mit dem wolbekannten allgemeinmenschlichen Thun und Leiden beschäftigt, und welches daher wol die konkrete, dem allgemeinen Bewußtsein geläufige, von religiöser Vorstellung und Sage zu voller charakteristischer Schärfe ausgeprägte Personifikation des Bösen in der Gestalt des Satans und seiner Helfershelfer, nicht aber eine so nebelhafte farblose, stets fremdartige Gestalt wie diesen Erdgeist zu einer Hauptperson gebrauchen kann.

Eine weitergreifende Bedeutung für die Feststellung der ursprünglichen Faustdichtung erhält die Figur des Erdgeistes erst, wenn man nicht bei ihr stehen bleibt, sondern überhaupt diejenigen Theile, welche sicher dem ersten Entwurf angehören, unter sich zusammenfaßt und sie so näher auf ihr Verhältniß zu den spätern ansieht. Diese Theile sind der erste Monolog Faust's, das auf ihn folgende Gespräch mit Wagner, die zweite Hälfte des Spaziergangs und der Unterredung mit Mephistopheles vor dem Auszug, das Gespräch des Letztern mit dem Schüler, die Scene in Auerbach's Keller, der größte Theil der Scenen, die Margarethe betreffen (bis „Nachbarin euer Fläschchen").

Faßt man unter diesen Theilen zunächst den **ersten Monolog** ins Auge, so entdeckt sich hier gleich auf den ersten Seiten eine Inkonvenienz, welche ein klares Licht auf Göthe's ursprüngliche Idee wirft. Es ist bekannt, daß Napoleon I. Göthe darüber tadelte, daß der Selbstmordsentschluß Werther's nicht ausschließlich durch das Hauptmotiv, durch die unglück= liche Liebe, sondern neben dieser durch Werther's Unmuth über die von ihm erfahrene sociale Zurücksetzung in hoher Gesellschaft herbeigeführt sei. Dieser Tadel z we i er M o t i v e ist, was Werther betrifft, schwerlich gerecht; wol aber leidet der erste Monolog Faust's an einer Zweiheit von Motiven, die ähnlich, aber nicht identisch sind und nicht ohne Unklarheit, ja genau besehen nicht ohne innern Widerspruch in einander überfließen. Zunächst, im Eingang, folgt Göthe dem Faust= buch und Puppenspiel, und läßt seinen Helden seine Ver= zweiflung an aller vorhandenen Wissenschaft, seinen Unmuth über die Ergebnißlosigkeit seines bisherigen gelehrten Suchens und Strebens, nebenbei auch seine Unzufriedenheit mit seiner kümmerlichen und beschränkten äußern Lage, endlich seinen Entschluß aussprechen, durch Magie, durch Geisterberufung die ihm verschlossene Erkenntniß der innersten Geheimnisse und schaffenden Kräfte des Universums zu erringen und da= mit zu einem lebendigen und als solchen auch der lehrenden Mittheilung werthen Wissen zu gelangen. D a s W i s s e n s e l b s t h a t F a u s t h i e r g a n z u n d g a r n i c h t s a t t, sondern nur eine bestimmte Art von Wissen, das todte tradi= tionelle, „Begriffe und Worte" statt wirklicher Intuition ge= bende Wissen; er hofft und wünscht entschieden, durch höhere Geister jetzt zu erfahren, was er nicht weiß, und so aus der traurigen Nothwendigkeit was er nicht weiß lehren zu müssen herauszukommen, nebenbei auch eine höhere und schönere

Stellung in der Welt, einen Antheil an ihrer Ehre und Herrlichkeit zu gewinnen; er will nicht der Wissenschaft, sondern nur der leeren Gelehrsamkeit absagen, er wäre zufrieden und froh durch Geistes Kraft und Mund zu der bis jetzt vergeblich gesuchten wahren Wissenschaft hindurchzubringen.

Ganz anders stellt sich der Held im Folgenden dar. Hier tritt auf einmal die vorher in den Worten „Auch hab ich weder Gut noch Geld" u. f. f. nur im Vorübergehen berührte Unzufriedenheit mit dem Aeußern der Lage, die Unzufriedenheit mit dem auf sich beschränkten Stuben- und Gelehrtenleben in einer Ausschließlichkeit hervor, welche eine ganz andere Stimmung als die zuvor ausgesprochene kennzeichnet. Hier will Faust einfach und ohne Weiteres von Büchern und Papier in die freie Welt, von Instrumenten Thiergeripp und Todtenbein in die lebendige Natur, er sehnt sich entladen von allem Wissensqualm im Mondesschein auf Bergeshöhn zu gehn, mit den die sichtbare Natur (Höhle, Wald, Quellen u. f. w.) belebenden Geistern traulichen Verkehr zu pflegen, an der ewig jugendlichen Frische des Naturlebens sich zu erquicken. Von einer zu erringenden höhern und tiefern Erkenntniß der letzten schaffenden Kräfte des Weltalls ist hier die Rede nicht mehr; vielmehr das wissenschaftliche Leben soll, weil es nichts gewährte, einfach hinweggeworfen, die ermüdende und erstickende Gelehrsamkeit mit dem Leben, die beklemmende und lähmende Stubirkammer mit dem Schweifen in der freien weiten Welt vertauscht werden, obwol Faust zunächst noch keine Möglichkeit vor sich sieht, dieser seiner Sehnsucht praktische Folge zu geben.

Daß dieß zwei verschiedene Stimmungen, zwei verschiedene Motive sind, ist klar. Dort der allerdings edler gehaltene Faust des Faustbuchs und Puppenspiels, „der kühne

Magier, der das Verborgene der Geisterwelt auffucht"; hier
ein moderner, Werther verwandter Fauft, der von Wiffens=
wuft und Wiffenszwang, von Unnatur und Oede weg nach
Natur Leben Freiheit dürftet. Dort das fechszehnte, hier das
achtzehnte Jahrhundert; dort Philosophie Metaphyfik Myftik
Magie, hier Empirie Naturalismus Realismus; dort Fauft,
hier Göthe und die ganze Mitgenoffenschaft der Bekenner des
Evangeliums der Natur und Freiheit. Eine gewiffe Aehnlich=
keit, eine Verwandtschaft ift allerdings vorhanden zwifchen
Beidem; an fich fchließt Keines das Andere aus; ein
myftifchmagifches Streben nach unmittelbarer Intuition der
fchaffenden Kräfte des Weltalls kann in einem und demfelben
Individuum wol zufammenfein mit einem zudem felbft wieder
romantifchpoetifch gefärbten Streben nach Naturanfchauung im
empirifchen Sinne des Worts; beide bilden gemeinfchaftlich
einen Gegenfatz gegen todtes Formelwefen und Bücherwiffen
ohne Anfchauung und Wirklichkeit; auch bei Göthe fand fich,
freilich mit Vorwiegen des zweiten Elements, in der Periode
welche dem Fauft das Dafein gab Beides zufammen, myftifch=
alchymiftifche Theofophie und jenes Sehnen nach Erfrifchung
und Erwärmung an der Freiheit und Lebendigkeit der Natur.
Aber fo, wie hier beide Motive auftreten, fchließen fie fich
aus; der Fauft, der zur Magie greift, glaubt noch an ein
Wiffen, ift noch fchwärmerifch dafür begeiftert, will es um
jeden Preis erringen; der Fauft, der fich aus dem Wiffens=
qualm hinwegfehnt in Natur und Welt, hat keinen Glauben
mehr an irgend ein Wiffen und hat daher alles Wiffen fatt;
jenem Fauft „fteckt der Doktor noch im Leib", diefem ift er
bereits ausgetrieben; jener möchte gern an feinem Orte blei=
ben und lehren, wenn nur die höhern Weltgeifter ihm die
Geheimniffe des Univerfums offenbaren wollten, diefer will

hinaus um jeden Preis und braucht in der That keine Geister, er hat nichts zu thun als „eben fortzugehen", er hat Geister höchstens dazu nöthig, um mit ihrer Hülfe frei von Schranken des Berufs und Sorgen des Erwerbs in der weiten Welt zu schweifen, mit ihnen in Höhlen und Wäldern Zwiegespräche zu führen, an ihrer Hand die Natur „zum Königreich" zu nehmen und alles Schöne der Welt zu genießen, das Geister dem Menschen in die Hände spielen können. Daher es denn auch nachher ein reiner Widerspruch hiemit ist, daß Faust wieder zur theoretischen Magie zurückkehrt und in Nostra= damus Buche nach mystischer Erkenntniß des Weltalls, des Makrokosmus sucht.

Folgt man dem Gange des Monologs weiter, so tritt einem allerdings eben hier eine Stelle entgegen, in welcher die beiden Motive wirklich unter sich vereinigt und verschmolzen scheinen. Es ist die Stelle: „Flieh! auf! hinaus in's weite Land! Und dieß geheimnißvolle Buch von Nostradamus eigner Hand, ist es dir nicht Geleit genug? Erkennest dann der Sterne Lauf, und wenn Natur dich unterweist, dann geht die Seelenkraft dir auf, wie spricht ein Geist zum andern Geist." Hier hofft Faust, wenn er durch eine lebendige An= schauung und Erkenntniß der sichtbaren Natur einen Einblick in den lebendigen Zusammenhang ihrer Kräfte und Erschei= nungen gewonnen habe, so werde ihm in entsprechender Weise auch das höhere (metaphysische oder hyperphysische) Geheimniß des lebendigen Wechselverhältnisses der Geister, dieses innerste Arkanum des Universums, allmälig aufgehen, es werden die Schranken für ihn fallen, die einen Geist vom andern trennen, es werde ihm gelingen, mit allen, auch den höchsten und ver= borgensten Wesen und Kräften des Weltalls in unmittelbaren Rapport zu treten und so, wie es später heißt, frei zu werden

von allen Banden endlicher Individualität, den Erdensohn ab=
zustreifen, mit schaffender Kraft einzugreifen in das geheime
Getriebe des kosmischen Lebens, nicht mehr blos Mensch, son=
dern wirkliches Ebenbild der Gottheit zu sein. Und zwar soll
das Zauberbuch des Nostradamus ihm hiezu behülflich sein;
es soll ihm zuerst den Lauf der Sterne, d. h. die äußere sicht=
bare Natur überhaupt, sodann von hier aus analog auch jene
höheren Geheimnisse des Weltalls offenbar machen.

Allein auch in dieser Stelle ist der Widerspruch der
„beiden Motive" blos verhüllt, nicht wirklich beseitigt. Um
der Sterne Lauf d. h. die gegebene Natur zu erkennen braucht
Faust keine magische Unterweisung, und wenn er auf dem
Weg der Analogie von der niedern Natur zur höhern, zur
„Seelenkraft" aufsteigen will, so ist das wiederum der aller
Magie, allem unmittelbaren Wissen, allem Nostradamus schnur=
gerad entgegengesetzte Weg, es ist der Weg des empiristischen,
induktiven, sokratischen, vermittelten, vom Bekanntern zum
weniger Bekannten stufenweise vorschreitenden Erkennens. Um=
gekehrt: um die „Seelenkraft" zu erkennen, bedarf er, wenn
er eine magische Offenbarung bei Nostradamus erholen kann,
nicht vorher die Anschauung der niedern Natur, der Sterne u.
s. w.; die Magie führt unmittelbar zur Geisterwelt hin, in sie
hinein, sie bedarf jener Brücke über die sichtbare Natur nicht;
diese Brücke hat nicht das magische, sondern nur das verstän=
dige, induktive Erkennen nöthig. Noch weniger endlich hat
Faust, wenn er durch Magie das höhere Geisterleben erkennen
will, nöthig mit Nostradamus Buch „hinaus ins weite Land
zu fliehn"; was er aus dem Buch lernen und mittelst des
Buchs von Geistern erfahren kann, das kann er auch zu
Hause lernen und bleibt daher dann auch, als er das Buch
aufschlägt, wirklich ganz ruhig zu Hause sitzen, obwol er so

eben sprach „Auf! hinaus" u. s. w. Umgekehrt: geht Faust wirklich völlig fort, so ist das nicht das Rechte für die Magie; die Geister erwartet man am besten an festem Ort; im weiten Land muß Faust schweifen, wenn er die Natur sehen und genießen, mit Elfen Zwergen und Nixen verkehren, nicht aber, wenn er die höhern Geister des Weltalls zu sich laden will. Gerade also diese Stelle, in welcher auf den ersten Anblick Beides vereinigt scheint, Magie und Natursehnsucht, zeigt die Unvereinbarkeit von Beidem aufs Schärfste durch den offenen Widerspruch, daß Faust zuerst hinaus will, als ob er in die Natur wollte, dann aber zu Hause bleibt, weil er Magie treiben, Geister berufen will. Es läßt sich allerdings eine Art und Weise denken, die beiden Motive ohne Widerspruch n a c h e i n a n d e r auftreten zu lassen, nämlich so, daß Faust z u e r s t, um zu den höhern Geheimnissen des Weltalls durchzudringen, Geister beruft, daß er hierauf vom Erd= oder einem andern Geist den verneinenden Bescheid erhält, dieses höhere Wissen sei den niedern Sterblichen versagt, und daß er n u n e r s t, als auch dieser letzte Versuch das Wissen zu erringen gescheitert ist, mit dem Wissen überhaupt bricht, es verwünscht und wegwirft, es mit dem Leben in freier Natur, in weiter Welt zu vertauschen beschließt. Aber in dieser Aufeinander= folge, in welcher der Widerspruch beider Motive verschwinden und eine organische Entwicklung des einen aus dem andern an seine Stelle treten würde, hat der Dichter sie nicht auf= treten lassen; der Widerspruch steht da, es bleibt nichts übrig als ihn anzuerkennen.

Woher stammt nun aber dieser Widerspruch, und wie kommt es, daß der Dichter ihn nicht gewahr wurde oder ihn auch nachdem er ihn bemerkt stehen ließ? Erklären läßt sich dieser Umstand leicht aus der subjektiven Entstehung der göthischen Faustdichtung. Das „zweite Motiv", der Drang nach Natur= und Freiheitgenuß brängte sich unwillkür= lich gleich von vorn herein neben das „erste", den aus der Faustsage herübergenommenen magischen Wissensdrang (statt in der vorhin angegebenen Weise erst in zweiter Linie, erst als Folge der Nichtbefriedigung des Wissensdrangs aufzutre= ten), es brängte sich vor und zu, weil eben der Dichter in der Zeit die seinem Werk den Ursprung gab, in der Götz= Werther'schen Zeit, selbst von nichts lebhafter bewegt ward, als von jenem Drang nach Natur Freiheit Poesie des Lebens, von jenem Haß gegen den todten Buchstaben der Ueberliefe= rung und Regel, gegen die Prosa des Gelehrten= und Phi= listerthums. Wir können sagen: Faust und Werther hatten sich in der Seele des Dichters, als er diese ersten Faustscenen schrieb, noch nicht klar genug getrennt, er gab seinem Faust eine zu starke Dosis von Natursehnsucht [6]) mit, die zu Jenes erhabenem spekulativmagischem Wissensdrang nicht unmittelbar paßte, die vielmehr in Faust's Geist erst dann hervortreten durfte, als jenem Wissensdrang die Befriedigung versagt und so alles Wissen ihm zum Ekel geworden war. Der Faust des Faustbuchs ist durch ein neues Motiv bereichert, durch das des Natur= und Freiheitsdrangs; aber beide Motive sind unter sich nicht in logische Einheit gesetzt, weil das neuhinzu= gekommene zu kräftig, zu schnell hervorsprang, zu unmittelbar und ungeduldig gleich neben dem ersten Platz griff.

Jetzt kehren wir zum Erdgeist zurück. Sein Wesen und seine Stellung, seine Einführung in das Faustgedicht wird eben hiedurch klar, daß man sich der Bedeutung bewußt wird, welche das „zweite", das naturalistischrealistische Motiv gerad während der Zeit der ersten Faustconception in der Seele des Dichters behauptete. Faust hat empfunden, sein

Studirleben gewähre ihm keine Freiheit, biete ihm keine lebens=
volle Anschauung der Dinge, beraube ihn aller lebendigen
Anregung Frische Freude Erhebung Thatkraft, alles Antheils
an dem Großen und Schönen der Natur und Welt; er wünscht
daher statt zu studiren zu leben, zu sehen, zu genießen, auch
etwa zu handeln und zu wirken, statt im Sitzen zu verknöchern
und nichts zu erreichen. Er hofft, wie aus seinen begeisterten
Worten als er das Zeichen des Erdgeists erblickt hervorgeht,
hülfreiche Geister können ihn von seinem bisherigen öden und
todten Dasein befreien, ihn in die Welt hinausführen, ihm
beistehen in dem lebendigen Erfassen und Genießen der Natur,
in dem freien Leben und Wirken, wonach seine Sehnsucht
steht. Und deswegen nun ist es der Erdgeist, zu dem er Zu=
trauen faßt. Der Erdgeist, d. h. der Geist, welcher wie er
selbst sagt das Leben der Erde, der uns zunächst umgebenden
Natur in stetem lebendigem Prozeß erhält, der Geist, welcher
überall auf Erden schöpferisch und belebend wirkt, der auf
und ab wallt in Lebensfluthen und Thatensturm, ruhelos
schaffend am sausenden Webstuhl der Zeit, der geschäftige
Geist, der die weite Welt umschweift, der eignet sich vor allen
dazu, Wünsche wie die Faust's es sind zu erfüllen. Ueber
die höhern Geheimnisse des Weltalls wird er ihm wenig Auf=
schluß ertheilen können, da er ein bloßer Planetengeist ist,
der über seine Sphäre nicht hinaus kann[6]); aber dazu eignet
er sich, Faust unter seine Flügel zu nehmen, ihn aus dumpfem
Mauerloch herauszuführen in seine schöne weite Erdenwelt,
sein Flehen zu belohnen dadurch, daß er ihm „Alles gibt",
was er ihm geben kann, „die Natur zum Königreich und
Kraft sie zu fühlen, zu genießen", die Welt geschäftig zu um=
schweifen, wie er selbst es thut. Der Erdgeist versteht sich
hiezu wirklich und erscheint; er gibt zwar Faust zu erkennen,

daß er sich zu hoch gebläht, wenn er meine, die Geister des Universums, deren Größe und Macht ja unbegreiflich furcht= bar schreckhaft für ihn ist, sich selber, diesem rein endlichen Individuum, ganz und gar unterthan machen zu können; aber er sendet ihm doch den Mephistopheles zu, Dieser macht es Faust möglich fortzugehen, zu leben statt zu lesen, zu ge= nießen statt zu versitzen, Natur und Welt zu sehen statt hinter Skeletten zu vermodern und in nutzlosem Gram über sein Hundedasein abzuzehren. Den Erdgeist also führte Göthe in die Faustfabel ein im Zusammenhang mit der hohen Be= deutung, welche damals das „zweite Motiv", das des Natur= Freiheit= und Thatendrangs, bei ihm einnahm; daß er diese ganz neue Gestalt einführte, beweist eben, welch hohes Gewicht jenes Motiv damals für ihn hatte; und von diesem Motiv aus ist die Gestalt des Erdgeistes vollkommen klar, vollkommen gerechtfertigt, von ihm aus ergab sich mit organischer Folge= richtigkeit die Idee eines Geistes, dessen Funktion und Sphäre das Naturleben und freie Schaffen ist, und der somit auch Faust ins Gebiet der Natur und freien Thätigkeit führen kann. Nur kam eben auch hier der Widerspruch des neuen Faustcharakters mit dem alten abermals zu Tage. Dem Erd= geist gegenüber schweigt Faust von aller zur Erkenntniß füh= renden, von aller theoretischen Magie, welcher er sich doch nach dem ersten Absatz des Monologs ergeben hat, er spricht lediglich davon, daß er seine Kraft und Lust zu Genuß und That erhöht fühle durch die Verbindung mit diesem Geiste, der als Geist der Erde dem Menschen näher steht als andre, er verlangt von ihm nicht Offenbarungen aus Geistes Mund, sondern Beistand zu schaffendem Wirken und unbeschränktem Genießen in der Erdenwelt. Daß dieß zum Anfang des Monologs nicht stimmt, ist klar; nicht minder, daß Göthe selbst diesen Widerspruch fühlte und daher die plötzliche Abkehr Faust's von der theoretischen Magie zur Magie des Genuß= und Thatendrangs zu motiviren suchte durch die Worte „Welch Schauspiel, aber ach ein Schauspiel nur" (beim Erblicken des Makrokosmuszeichens), Worte, welche eine Verzweiflung an aller Möglichkeit theoretischer Erkenntniß des Weltalls aus= sprechen. Aber damit ist der Widerspruch nur weiter hinaus= geschoben, denn man sieht nicht, warum der im Eingang und ebenso hernach beim Zuhandnehmen des Nostradamus von der Magie ein absolutes Erkennen hoffende Faust es nun auf einmal für schlechthin unerreichbar hält.

Wir lassen den Erdgeist jetzt für eine Weile stehen und verfolgen die ursprüngliche Faustdichtung weiter. Auf den ersten Monolog folgte schon in ihr das **Gespräch mit Wag-ner**, das durch den Kontrast mit dessen geistloser Beschränkt= heit Faust's hohen Geistesdrang noch weiter veranschaulicht und die Ursachen seiner Unzufriedenheit mit dem vorhandenen Wissen Glauben und Leben noch ausführlicher und bestimmter hervortreten läßt. Die Stimmung ist ganz dieselbe, wie die, welche im ersten Stücke die vorherrschende ist. Denn als Hauptgedanke erscheint auch hier der Gegensatz des wahrhaft Gefühlten, des lebendig Angeschauten gegen alles Gemachte und Erkünstelte, gegen alles blos äußerlich Ueberlieferte An= gelernte und Geglaubte, sowie der Mißmuth darüber, daß eine Erkenntniß gerade des Wichtigsten und Wissenswerthesten dem Menschengeschlecht nicht beschieden sei, und daß, wo deß= ungeachtet einzelne Strahlen dieses wahren Erkennens in ein= zelnen hochstehenden Geistern mit ursprünglicher Kraft hervor= brechen, diese nur auf Neid und Haß der Masse Derer stoßen, die bei dumpfem Wort= und Buchstabenwesen am besten sich befinden.

Wie von hier aus die älteste Komposition weiter fortschritt oder fortschreiten sollte, bleibt unklar. Schon damals zwar sollte Faust's unbefriedigte Stimmung, in welcher Mißmuth über sein verfehltes Leben, Beschämung und Verzweiflung über die Abweisung durch den Erdgeist, schwärmerisch über= fliegender Freiheits= und Thatendrang und zu all dem eine „gehirnverwirrende“ Aufregung seiner schon lange her über= reizten Natur durch die Geisteserscheinung zu „schrecklichem Gewühl“ sich mischten, sich steigern zu dem verzweifelt ver= messenen, aber eben darin ächt Faustischen (von Weiße und Vischer ohne Grund angefochtenen) Entschluß durch eigene rasche That alle Hemmungen und Hinderungen von sich zu schleudern und zu neuen Sphären reiner weder durch Körper= schranken noch durch miserable Lebensverhältnisse eingeengter Thätigkeit emporzubringen; „wär’ ich nicht, so wärst du schon von diesem Erdball abspaziert“, sagt Mephistopheles mit An= spielung hierauf in der Scene in „Wald und Höhle“. Wie Faust von diesem (wiederum Werther verwandten) Entschluß für jetzt wieder abgebracht ward, hierüber läßt sich nichts mehr mit Wahrscheinlichkeit vermuthen; Mephistopheles kam wol hier noch nicht, da schon die erste Bearbeitung den Spazier= gang enthielt, dieser aber von Anfang an fast nur als Vor= bereitung des Kommens des Mephistopheles in Hundsgestalt einen Ort im Faustgedicht haben konnte. Vielleicht trat der Erdgeist mit beschwichtigendem Befehl dazwischen; vielleicht kam Göthe auch gar nie zur Ausführung dieses Momentes, die eben sehr schwierig war, weil ein nochmaliges Kommen des Geistes mit dem Gesetz sparsamer dramatischer Anwendung solcher Erscheinungen und mit der hohen Stellung des Erd= geistes Faust gegenüber nicht verträglich, ein bloßer Zuruf aus

der Ferne aber zu transscendent und zu wenig anschaulich
gewesen wäre.

Sicher gehört im Wesentlichen, einige spätere Stücke wie
das Schäferslied abgerechnet, zur ersten Komposition der
Spaziergang, auf den ein göthischer Briefwechsel aus jener
Zeit [7]) klar genug hindeutet. Namentlich die herrliche Frühlings-
schilderung („Vom Eise befreit" u. s. f.) und das Wonnegefühl Faust's: „Hier bin ich Mensch, hier darf ich's sein" u.
s. w., sind ganz im Geist des „zweiten Motivs." Wie schön
psychologisch und ächt dramatisch durch die mit dem Reigen
der Abendsonne erwachende Sehnsucht Faust's, über Land und
Meer ihr nacheilen, mit Geisterhülfe zu einem großartigern
mannigfaltigern Leben sich hinwegheben zu können, die defini-
tive Herankunft des Geistes vorbereitet und begründet ist, der
ihm die Mittel hiezu gewähren soll, das fällt von selbst in
die Augen; wie herrlich ist es, daß Wagner gleich das Ge-
fährliche jenes Wunsches einen Zaubermantel zu haben fühlt
und Faust abmahnt, wie herrlich, daß Mephisto eben jetzt
erscheint, wo in Faust's Seele Alles reif ist für diesen Geister-
bund! Mag hier auch Manches erst spät ausgeführt sein,
die ursprüngliche göthische Faustidee tritt nirgends reiner und
lebensvoller heraus als eben an dieser Stelle.

Wie Vieles von den nun folgenden Scenen schon dem
ältesten Entwurf angehört, bleibt ungewiß. Spät erst ist
Alles, was auf den Pakt Faust's mit Mephistopheles sich
bezieht und irgendwie mit ihm in Beziehung steht. Mephi-
stopheles war ursprünglich ein von dem Herrn der Erdenwelt
Faust zugegebener Geselle; ein Verhältniß zwischen ihm und
Faust war folglich nicht erst durch einen Vertrag zu knüpfen,
Faust selbst spricht sich in andern Stellen, die vom ersten
Entwurf herrühren, so aus, als ob er sein Verhältniß zu

Mephistopheles nicht als ein von beiden Seiten frei eingegan=
genes Vertragsverhältniß betrachtete, sondern als ein Dienst=
verhältniß, das der Erdgeist dem Mephistopheles zu Faust's
Gunsten auferlegt hat. Schon We iße hat hinlänglich gezeigt,
daß die Entstehung nicht nur kleinerer Stücke, wie die Scene
in „Wald und Höhle", sondern namentlich das Ver ältniß zu
Margarethe nothwendig in eine Zeit fällt, · in welcher Göthe
an den Pakt zwischen Faust und Mephistopheles noch nicht
gedacht haben konnte. Das hohe Glück, das Faust lang
genug in Gretchen's Nähe und dazwischen hinein in freiem
Verkehr mit der Natur empfindet, stimmt weder zu der pessi=
mistischen Verdrossenheit, mit welcher Faust in der Vertrags=
scene nichts Schönes vom Leben - mehr erwarten zu können
erklärt, noch stimmt es zu der Entschiedenheit, mit welcher er
bei der Vertragschließung selbst es ausspricht, sich nicht ent=
fernt von irgend einem Genuß des Augenblicks fesseln lassen
zu wollen. Alt dagegen ist die (zweite) **Unterredung Faust's**
mit Mephistopheles etwa von den Worten an: „Und was
der ganzen Menschheit zugetheilt ist will ich in meinem innern
Selbst genießen", ein Abschnitt, dessen froher Lebens= und
Thatenmuth („was bin ich denn, wenn es nicht möglich ist,
der Menschheit Krone zu erringen?" u. s. f.) wiederum zeigt,
daß der erste Theil dieser Unterredung mit seinem verdrossenen
Pessimismus („was kann die Welt mir wol gewähren?" u.
s. w.) ursprünglich nicht in Einem Zusammenhang mit jenem
gedichtet worden sein kann; es ist ganz der Freiheits= und
Thätigkeitsdrang des ersten Monologs, was sich auch hier
wieder ausspricht. Aehnlich verhält es sich mit der **Unterredung zwischen Mephistopheles und dem Schüler**, wo
gleichfalls der Gegensatz des Lebens, der lebensvollen An=
schauung gegen alles todte Buchstaben= und Formelwesen sowie

der des Lebensgenusses gegen pedantisches Gelehrtenthum, nur im Mund des Mephistopheles geschärfter als früher, hervortritt und damit zugleich auch in Faust's Namen dem Gelehrtenwesen der letzte Abschied und Absagbrief gegeben wird.

Gleichfalls dem ersten Entwurf gehört an die **Scene in Auerbach's Keller,** durch welche Mephistopheles seinem Gefährten, der wol Geister beschwören, aber nicht zaubern konnte, seine Zauberkunst zunächst im Kleinen durch ein Probestückchen bewährt; Faust soll aufgeheitert, lebenslustig gemacht, und zugleich spätere großartigere Erweisungen von Mephistopheles Zauberkunst vorbereitet werden. Weiße sagt, es sei zugleich die allgemeine Ueberlegenheit des geistreichen Elements über das geistlose, die tölpelhaft ergötzliche Verwirrung des letztern, wenn es in Berührung mit dem Geist gesetzt wird, was wir hier aufs Ergötzlichste geschildert sehen. Allein den Gegensatz zwischen dem Geistvollen und Geistlosen vertreten vielmehr Faust und Wagner; die hier auftretenden Gesellen sind roh überlustig sinnlich grob und plump, aber nicht „geistlos", und Mephistopheles schlägt sie, obwol er ihnen natürlich auch geistig (nur nicht gerade „geistreich") überlegen ist, wieder nicht durch diese seine geistige Ueberlegenheit, sondern durch Zauberei. Zunächst will er Faust etwas zum Besten geben; aber als Teufel, der das Menschenvolk verachtet, will er auch sich selbst einen Scherz dadurch bereiten, daß den Leutchen ein boshafter und die Bestialität beschämend enthüllender Streich gespielt wird. So trefflich das Ganze ist, so enthält es doch eine bedenkliche Stelle: „ich muß dich nun in lustige Gesellschaft bringen, damit du siehst, wie leicht sich's leben läßt." So kann Mephistopheles zu Faust, der alle diese Dinge wol kennt, nicht reden; aber Göthe, als er dieses schrieb, schwebte auch hier das zweite Motiv, das Motiv des Kontrasts zwischen

öbem weltfremdem Stubenleben und freiem Natur- und Welt=
genuß, so bestimmt vor, daß er Faust von Mephistopheles wie
einen des Lebens schlechthin unkundigen, bisher klösterlich ab=
geschlossen gewesenen Büchermenschen behandelt werden ließ.
So weltfremd ist aber Faust nicht, so kann er daher auch
hier nicht gegängelt werden. Mephistopheles sollte vielmehr
bloß sagen, sie wollen Beide einen Spaß sich machen, und
Faust möge statt immer noch seiner bösen Stimmung nachzu=
hängen an der hier herrschenden Fröhlichkeit sich ein Beispiel
nehmen. Es folgt nun die eigentliche „Tragödie Faust", **das
Drama mit Margarethe.** Faust will das Leben rückhalt=
los genießen, weil ihm der Genuß desselben früher verwehrt
gewesen war, und weil er einen Ersatz sucht für versagte
Wissensfreuden. Dazu nun bietet sich vor Allem die Liebe
dar. Mit der bei der ersten Faustdichtung eingeführten Cha=
rakterisirung Faust's als des Mannes, der das öde Gelehrten=
thum mit dem Genußleben vertauschen will, kurz mit dem
„zweiten Motiv" war auch die Einführung dieses Liebever=
hältnisses und zwar als Hauptelements der ganzen ferneren
Geschichte Faust's von selbst gegeben. Nicht minder gilt dieß
von dem Charakter Gretchen's; auch dieser hängt mit
der ursprünglichen Faustidee Göthe's auf's Engste zusammen.
Sehnte sich Faust aus todtem Bücherwust, aus hohlem und
unwahrem Scheinwissen, aus unbefriedigt lassender Gelehrsam=
keit hinweg nach Natur und Leben, nach Genuß, der wirklich
etwas bietet, so konnte dieses Sehnen durch nichts eine ent=
sprechendere Befriedigung finden, als durch das Zusammen=
treffen mit einem Wesen, das so wie Gretchen gar nichts Andres
darstellt, als die Menschheit in herzgewinnendster Natür=
lichkeit und Unverbildetheit, in wolthuendster Wahrheit und

Empfänglichkeit des Gefühls und Gemüths, zugleich ausge=
stattet mit allem Reiz frohen muntern Gebahrens, anmuthig
lieblicher Erscheinung. Aus der Unnatur, aus der Leere
der Reflexion, aus der Kälte des Begriffs will Faust hinaus;
hier findet er ganze ungekünstelte, zwar nicht geistreiche und
gebildete, aber gerade darum für ihn jetzt um so anziehendere
gesunde frische kräftige gefühlvolle lebenswarme und all dieses
Schönen das sie besitzt unbewußt ohne Eitelkeit sich erfreuende
Natur. An diesem Punkte nun sehen wir am Klar=
sten in Göthe's erste Conception hinein. Der
Erdgeist, der Geist der Natur nimmt sich Faust's an, gewährt
ihm Befreiung aus dem unerträglich gewordenen Gelehrten=
leben, gewährt ihm die Möglichkeit die Natur und ihre Schön=
heit zu genießen, und ebendarum verleiht er ihm auch Gretchen
und ihre Liebe. Ursprünglich sollte diese Liebe gar nicht, wie
sie es jetzt ist, ein dramatisches Durchgangsmoment sein, in
welchem Faust die Erfahrung macht, daß ungestümes Streben
nach Genuß nur Unglück schafft; sondern Faust sollte wirklich
beglückt werden durch die Liebe zu Gretchen, gerade wie er
„beglückt" wird durch das zwischenhinein fallende Verweilen
in freier Natur (Wald und Höhle). Faust sollte allerdings
auch schon im ersten Entwurf dieses Glück wieder verlieren;
schon damals sollte er durch diese Neigung nicht dauernd ge=
fesselt werden, sondern auch wieder zu neuen Lebenskreisen
fortschreiten, er sollte aus dieser kleinen auch in die „große
Welt" übertreten, wie ihm dieß Mephistopheles vor dem Aus=
zug bereits versprochen hat. Aber ein Glück, eine Gunst,
eine schöne Gabe des Erdgeists war ursprünglich diese Liebe.
Als solche ist sie geschildert. Sie fesselt und rührt Faust so
tief, sie schmilzt aus seiner Seele so ganz hinweg alle Miß=
stimmung, alle trübe und trotzige Leidenschaft, sie durchdringt

ihn mit einem so innigen, sein ganzes Wesen erhebenden
Wonnegefühl, nicht nur in Gretchens Zimmer, in „Wald und
Höhle", sondern auch im Gespräch mit Gretchen über die
Gottheit, wo so begeistert der Gedanke hervortritt, daß ein
Wesen sei, das nicht blos Alles beherrscht, sondern namentlich
auch Alles verbindet zu seligem Zusammensein (darum auch:
„nenn's Glück, Herz, Liebe, Gott"), sie ist endlich vom Dichter selbst mit solcher Liebe geschildert, daß man wol sieht, sie
sollte ursprünglich ein Ruhepunkt, ein selbstständiges Glied
des Ganzen, sie sollte ein idyllisches Bild eines schönen, aber
freilich wie alles Menschliche unvollkommenen Lebens sein.
Es war noch nicht daran gedacht, daß Faust keinen Augenblick schön finden will und darf; zu Grunde lag vielmehr die
noch halb Werther'sche, traurig wehmüthige Idee, daß zwar
viel Schönes, aber „nichts Vollkommenes dem Menschen wird",
daß „nicht alle Blüthenträume reifen", daß der Liebling der
Götter von ihnen mit dem Glück auch die Schmerzen des
Daseins empfängt, und darum war auch — erst hieraus
erhalten wir über diesen schwierigen Punkt der ursprünglichen
Faustdichtung Aufschluß — der schlimme Mephistopheles Bote
des an sich keineswegs schlimmen Erdgeistes, des Naturgeistes,
der das Gute gibt, aber das Uebel auch dazu, wie überhaupt
die Natur alles Schöne, aber auch alles Herbe und Schwere
dem Menschen zu kosten gibt 8). Kurz das „zweite Motiv"
herrschte auch hier, nur bereichert durch diese Idee der Vergänglichkeit des Erdenglücks. Faust sehnt sich nach Natur
Leben Freiheit, er erhält „Alles um was er bat", aber zugleich behaftet mit der allem Menschlichen anhängenden Endlichkeit, er erhält Gretchen, aber er verliert sie auch; das
Ende wäre wol dieses gewesen, daß Faust nach solchem Verlust dem Genuß des Lebens bald ganz entsagend sich der

praktischen Thätigkeit in die Arme wirft (wie jetzt am Schluß des zweiten Theils). Genuß und seine Berechtigung (im Gegensatze zu ödem, freudelos verkümmerndem Dasein, wie Faust's früheres Leben es war) einerseits, seine Endlichkeit und Unvollkommenheit andererseits, „Lebensglück und Resignation" war das Thema des ersten Entwurfs, der somit, wie Göthe selbst so oft sagt, aus einer „trüben, düstern" oder wie es Weiße auch mit Recht aus= drückt aus einer skeptischen Stimmung hervorgegangen ist. Faust unterschied sich von Werther nur dadurch, daß er männ= licher und entschlossener, gewaltsamer vermessener und beharr= licher ist als dieser. Er hat nicht das schwere Blut und das zarte Nervensystem seines Zwillingsbruders; er ist der kräf= tige Mann, der selbst vor der Verbindung mit einem bösen Geiste nicht zurückschreckt, um seinem Drang nach Leben Ge= nuß und That Befriedigung zu schaffen, er ist ein Held, der auch das schwerste Mißgeschick zu ertragen weiß, der an der Geliebten nicht untergeht, sondern „ziehen läßt was ihm ent= schwindet" und wenn auch schmerzerfüllt doch ungebrochen zu neuen Sphären vorwärts bringt. Aber Eins sind Beide darin, daß auch Faust mit allem Genießen und Streben zu einer dauernden Befriedigung nicht gelangt, daß auch Faust das herbe Geschick des lebendig fühlenden, lebendig strebenden, aber nur um so schwerer das was er sucht in der Welt findenden Geistes, daß auch er die Härte der Natur und des Weltlaufs gegen das Herz, die unendliche Schwierigkeit für den mit dem Gemeinen und Gewöhnlichen nicht befriedigten höherstrebenden Geist, glücklich zu sein und glücklich zu werden, an seiner Person und Geschichte darstellt. Auf diesen, von dem spätern noch sehr verschiedenen Faust weist denn auch klar Göthe's Angabe in Wahrheit und Dichtung hin: „Die Puppenspielfabel

Fauſt's klang und ſummte gar vieltönig in mir wieder; auch ich hatte mich in allem Wiſſen umhergetrieben und war früh genug auf die Eitelkeit deſſelben hingewieſen worden, ich hatte es auch im Leben auf allerlei Weiſe verſucht und war immer unbefriedigter und gequälter zurückgekommen"; das paßt nur auf die ältere Bearbeitung mit vorherrſchend trübem Charakter, nicht auf die zweite, in welcher dem Ganzen eine durchgreifend männliche Haltung und eine heitere verſöhnte Wendung ge= geben iſt.

Wie früh Göthe den Gedanken faßte, Fauſt außer mit Margarethe auch mit Helena in Verbindung zu bringen läßt ſich nicht mehr genau ermitteln. Jedenfalls blieb dieſer Gedanke, wenn er auch ſchon 1775 Göthe vorſchwebte, ohne weitern Einfluß auf den erſten Entwurf; er konnte erſt aus= geführt werden, als jenes „Trübe" der urſprünglichen Fauſt= idee ſich aufgehellt, als dieſe einen Charakter angenommen hatte, von welchem aus die Einführung der ungebrochenen Heiterkeit des klaſſiſchen Alterthums als paſſend erſcheinen konnte.

Die vollſtändige Ausführung der für die Erkenntniß der urſprünglichen Fauſtidee ſo wichtigen Scene in Wald und Höhle fällt wahrſcheinlich [9]) erſt kurz vor der Herausgabe der Hauptſcenen des erſten Theils in der erſten Geſammtaus= gabe Göthiſcher Dichtungen („Fauſt, ein Fragment" im vier= ten Band jener Ausgabe, 1791). Sie gehört aber beßun= geachtet zur erſten Fauſtkompoſition, da ſie ſachlich ganz auf ihrem Boden ſteht und ſo ausdrücklich an die Erſcheinung des Erdgeiſts anknüpft. Daß Göthe im Jahr 1788, in welchem er wieder an den Fauſt gieng und wol auch dieſe Scene aus= führte, ganz beim erſten Entwurf blieb, geht zudem hervor aus der bezeichnenden Aeußerung in einem von Fauſt handelnden Brief aus Italien, daß er es merkwürdig finde, wie sehr er sich noch immer selbst gleiche, und wie wenig sein Inneres durch Jahre und Begebenheiten gelitten habe, daher ihm auch die neuen Scenen Niemand aus den alten werde herausfinden können.

In derselben Weise verhält es sich auch mit der **Hexen-küche**, die im Jahr 1788 in Rom entstanden ist. Sie be-wegt sich ganz in dem nämlichen Gedankenkreis, wie die Kellerscene. Faust hat durch letztere die Zauberkünste seines Gesellen kennen gelernt; es ist daher ganz in der Ordnung, daß er ihn nun auch für sich selbst Gebrauch von denselben machen läßt, um für die veränderte Lebensweise sich vollends einzurichten. Es ist ihm noch nicht behaglich, er fühlt sich nicht mehr jung genug, um passender Weise die Lustreise durch die Welt zu machen; Mephistopheles ist es natürlich nicht minder darum zu thun, Faust entschiedener für das Weltleben zu gewinnen; er verschafft daher Faust einen Ver-jüngungstrank, der zugleich ein Minnetrank ist.

Ganz ohne Abweichungen in Ton und Geist der Aus-führung ist freilich diese Erweiterung nicht abgegangen. Der durch den Minnetrank erhitzte Faust ist nicht mehr der ur-sprüngliche, dem wir in den ersten Scenen mit Gretchen be-gegnen; dort wundert sich Mephistopheles selbst über den „Hans Liederlich, der jede liebe Blum für sich begehrt, der fast schon wie ein Franzose spricht"; diesen Vorhalt kann er Faust nicht machen, wenn er eben aus der Hexenküche mit ihm herkommt. Abweichend sind dann die ohnedieß zu weit hergeholten litterarischen Anspielungen. Eine der-selben („So sagt mir doch" bis „wir kochen breite Bettel-suppen, da habt ihr ein groß Publikum") ist allerdings erst später eingefügt (und paßt nicht zu der später folgenden Frage

des Mephistopheles nach dem „Topf", sofern letztere Frage
durch die obige: „was quirlt ihr in dem Brei herum?" über-
flüssig wird); allein die übrigen stehen schon im „Fragment"
und erinnern bereits an das, was in der Walpurgisnacht
aus diesem Gebiete zu viel geboten wird. Zwar die einfältige
Habsucht des Meerkaters, seine Meinung, wäre er nur ein
reicher Mann, so wäre er auch bei Sinnen (d. h. nur Reichthum fehle ihm, um auch für gescheid zu gelten und in der
Welt etwas Rechtes zu sein), ist wirklich gut aus dem Charakter dieses halbintelligenten Küchenpersonals, das seine Inferiorität dunkel fühlt, abgeleitet; auch die düster altkluge
Affenphilosophie des Katers über die Vergänglichkeit und Hohlheit der Welt und ihrer Herrlichkeit paßt noch recht wol zu
der Trübseligkeit des im Dunkel schleichenden, überall Schaden
stiftenden, neidischen weltfeindlichen freudelosen Hexenwesens,
ebenso endlich seine Anspielungen auf die Zerbrechlichkeit irdi-
scher Macht und Gewalt. Aber das Weitere, ~was er und
die andern Thiere aus Anlaß der letztern sagen, „daß sie
reden, wie sie sehen, reimen, wie sie hören" (d. h. daß sie
nicht lügen, sondern einfach Wahrheit reden), „daß es, wenn
es ihnen glücke etwas herauszubringen, Gedanken seien"
(d. h. daß es freilich mit dem Dichten nicht immer recht
glücken wolle, daß es ihnen aber doch nicht an Gedanken fehle),
dieß Alles ist so unnöthig dunkel und ist so willkürlich dem
Küchenpersonal in den Mund gelegt, daß man hier Göthe
nicht rechtfertigen kann. Der arme neidische Kater kann wol
in seiner Art philosophiren über die Nichtigkeit alles Glanzes
der Welt, um hieburch sich selbst zu trösten über seine Ar-
muth; aber ihn auch zum Poeten zu machen, blos um damit
auf altkluge ärmliche, trocken und platt gedankenhafte, unpoetisch hausbackene Poesie anzuspielen, das geht zu weit. Läßt

sich sonst die Hexenküche mit verwandten Dichtungen Shak=
spear's wol vergleichen, so sinkt sie durch diese ungehörigen
Einmischungen tief unter jene herab. Dergleichen Anspielun=
gen gehören in Intermezzi, wie Titania's und Oberon's Hoch=
zeit; in Zwischenspielen kann und darf der Dichter unter=
bringen, was er nur irgend will, dazu sind sie da und das
Drama selbst leidet darunter nicht; den dramatischen Verlauf
selbst aber sollen sie nicht behelligen. Bemerkenswerth ist
schließlich, daß in der Hexenküche Mephistopheles bereits
in einer hohen Stellung innerhalb des Reichs des Bösen auf=
tritt, die zu seiner Unterordnung unter den Erdgeist gar nicht
stimmen will; er producirt sich geradezu als den Leibhaftigen
selbst. Der Witz über die mobischkultivirte kavalierhafte Er=
scheinung des Teufels wirkt allerdings nur dann gehörig,
wenn der Satan überhaupt als mit menschlicher Kultur und
Civilisation fortschreitend gedacht wird, und Mephistopheles
konnte daher hier nicht ausdrücklich als ein nur niedereres
Organ des höllischen Reichs, als bloßer „Theil des Theils"
dargestellt werden; aber bezeichnend ist es immerhin, daß in
diesem spätern Stück Mephistopheles schon in einer Selbst=
ständigkeit erscheint, welche an jenes Verhältniß zum Erdgeist
gar nicht mehr denken läßt.

II. Die spätere Bearbeitung.

Daß mit der erſten Conception eine in genialer dichte-
riſcher Selbſtſtändigkeit entworfene Umbildung des Fauſt der
Sage, eine an Einzelſchönheiten unübertreflich reiche Kompo-
ſition entſtanden oder doch angelegt war, iſt nicht zu beſtreiten,
daher Viſcher den erſten Entwurf geradezu über alles Spätere geſetzt hat. Um ſo mehr muß man aber fragen, warum
Göthe denſelben doch wieder verließ, warum er
jene erſte Umbildung ſpäter wieder umgeſtaltete, und zwar in
einer Art und Weiſe, durch welche ſeine Dichtung dem Fauſt
des Fauſtbuchs und Puppenſpiels wieder viel näher gerückt
wurde.

Die Gründe dieſer Umgeſtaltung ſind nicht ſchwer zu
finden. Bei genauerer Reflexion war jene Umbildung doch
nicht haltbar. Sie befand ſich in einem unlöslichen Widerſpruch mit denjenigen Elementen der Sage, welche Göthe beibehalten hatte und beibehalten mußte, wenn er nicht allen
Zuſammenhang ſeines Fauſt mit dem ältern aufheben, wenn
er namentlich die Figur des Mephiſtopheles nicht ſchließlich
ganz preisgeben wollte. Sie befand ſich nicht minder in
einem unlöslichen Widerſpruch mit dem kraftvollen himmel-
ſtürmenden Alles wagenden Geiſtesdrang, mit welchem
Göthe ſeinen Helden ſchon damals ausgeſtattet hatte: das
männlich kräftige aktive titaniſche Element mußte eine höhere

Berechtigung wieder erhalten, als sie ihm in diesem erſten,
bei der weitern Ausführung doch zum Sentimentalen neigen=
den Entwurf zu Theil geworden war. Vor Allem aber mußte
die Figur des Erdgeiſtes zurückgedrängt werden, wenn das
Ganze nicht durch ſie an Lebenswahrheit, an feſter Haltung,
an höherer ethiſcher Bedeutung zu viel verlieren ſollte. .
Der Unterſchied der erſten Fauſtdichtung Göthe's von der
Fauſtſage war der, daß bei ihm Fauſt nicht von vorn herein
der Frevelhafte iſt, der ohne Weiteres aus böſem Gelüſt einen
Teufelsbund ſucht und ſchließt, daß vielmehr ein an ſich be=
rechtigtes, nur viel zu gewaltſames Streben nach Genuß und
Glück des Lebens, nach Erweiterung der Thätigkeit und Wir=
kenskraft den Helden an einen Punkt führt, der verhängniß=
voll für ihn wird, nämlich zu dem Selbſtmordsentſchluß, in
Folge deſſen der Erdgeiſt ihm den Mephiſtopheles als Be=
gleiter durch's Leben zuſendet. Der göthiſche Fauſt mußte
beſſer ſein, als der der Sage und des Puppenſpiels; darum
ſollte er nicht an einen böſen Geiſt, ſondern an den ethiſch
ganz neutralen Geiſt der Natur ſich wenden; alles eigentlich
Diaboliſche, beſonders der Teufelspakt, fiel einfach weg; Fauſt
erhielt den Teufel zum Freund ungewollt und ungeſucht.
Aber damit war Fauſt offenbar zu gut gerathen für die
Rolle, die er ſpäter ſpielt, und für die Schickſale, die er durch=
zumachen hat. Man ſieht in keiner Weiſe ein, warum Fauſt
für ſeine ſchuldloſe Unzufriedenheit mit Amt und Stand, mit
Büchern und Papier, für ſeine doch nur augenblickliche nächtig
ſinnverwirrte Aufwallung, die ihm den Selbſtmord eingab, ſo
hart und „erniedrigend" geſtraft werden ſoll, daß er den
Teufel zum Geſellen bekommt, der alle Gaben des erhabenen
Geiſtes „zu Nichts mit einem Worthauch wandelt", der Fauſt
ſelbſt verführt und verderbt, ihn in die ſchwerſten Frevel ſtürzt,

einen „Unmenſchen, einen Gottverhaßten", einen ſchrecklichen
Zerſtörer menſchlichen Glückes aus ihm macht. So ohne ge=
hörigen Grund „eingeteufelt" kann Fauſt nicht werden; er
muß ſelbſt mehr Schuld daran tragen, daß er des böſen
Feindes Freund wird. Ueberhaupt iſt eine Teufelskamerad=
ſchaft, wie ſie hier geſchildert war, platt, wenigſagend; nur
wenn ſie nicht in paſſiver Weiſe, ſondern durch freien Willen
und Entſchluß (wie in den alten Fauſtbüchern und in Göthe's
ſpäterer Bearbeitung) zu Stande kommt, nur wenn ſie eine
That iſt, bei der der Menſch Alles wagt, hat ſie rechten Sinn,
dramatiſche Kraft, poetiſche Bedeutung und Wahrheit. Noch
weniger ſieht man, wie der Erdgeiſt ohne Widerſpruch mit
ſeinem Weſen dazu kommen ſoll, „Fauſt an den böſen Ge=
ſellen zu ſchmieden", und vollends nicht, wie er überhaupt
dazu kommt, den Teufel in ſeinen Dienſten zu haben. Dieß
widerſpricht aller traditionellen wie aller begrifflichen Gliede=
rung und Rangordnung der Geiſter. Selbſt ein untergeord=
neter Teufel, wie Mephiſtopheles, gehört doch zum ſataniſchen
Reich, das ſeiner Idee nach kein telluriſches, ſondern ein uni=
verſell kosmiſches iſt (wie das Böſe überhaupt etwas Allge=
meines, ein Welt=, nicht ein Erdenphänomen iſt), er hängt
von dieſem univerſellen Reich des Böſen ab, nicht aber von
einem beſchränkten Planetengeiſt, der zudem ethiſch ganz indif=
ferent, ja ſeiner Natur nach eher gut als böſe iſt. Diener
des Erdgeiſts ſind allenfalls die Gnomen Undinen Sylphiden,
die Elfen, die am Anfang des zweiten Theils Fauſt in Ruhe
ſingen und dabei ſelbſt ſagen, „ob heilig oder böſe?" darnach
fragen ſie nicht, „der Unglücksmann jammere ſie", wie und
wer er auch ſei; der Teufel dagegen iſt zu böſe wie zu mächtig,
um Erdgeiſts Knecht und Bote zu ſein; er kann namentlich
als verneinender Dämon nicht Diener dieſes ſchöpferiſchen und

erhaltenden Genius des Naturlebens sein. Liest man die
Stücke, in welchen Faust sich gegen den Erdgeist beklagt, daß
er ihm einen solchen Gesellen gegeben, so kann man in der
That nur den Eindruck eines unwillkürlichen Eingeständnisses
des Dichters bekommen, daß hier ein Mißverhältniß obwalte,
daß das Verhältniß zwischen Erdgeist und Mephistopheles ein
innerlich unhaltbares sei. Wie soll ferner schon in der ersten
Bearbeitung die selbstständige Stellung, die Mephistopheles in
der Apostrophe: „Verachte nur Vernunft und Wissenschaft"
u. s. w. einnimmt, wie soll diese mit seinem Abhängigkeitsver=
hältniß zum Erdgeist zusammengedacht werden? Warum führte
Göthe keine Scene aus, in welcher Mephisto als Diener des
Ersteren bei Faust sich einführt? warum anders, als weil die
sachlichen Schwierigkeiten ihn zurückschreckten, als es auf die
bestimmtere poetische Gestaltung dieses Verhältnisses ankam?
Also: Eines oder das Andere, die Primarolle des
Naturgeistes oder Mephistopheles, mußte auf=
gegeben werden. Mit Recht entschied sich Göthe für das
Erstere. Er setzte den Teufel wieder ein in sein geschmälertes
Recht; er kehrte zur Idee des Faustbuchs, zum Teufelspakt
zurück; er wies dem Erdgeist die untergeordnete Rolle eines
Geistes zu, der im Namen der Geisterwelt überhaupt Faust
sein vermessenes Streben die Schranken der Menschheit zu
überschreiten verweist, und ließ sodann alles Weitere zwischen
Faust und Mephistopheles allein vor sich gehen. Eine Art
litterarischer Gewaltthätigkeit, dichterischer Licenz war es, daß
die an sich freilich schönen Stellen stehen blieben, in welchen
der Erdgeist Herr des Mephistopheles ist. Mit dieser Zurück=
drängung des Naturgeistes zu Gunsten des Teufels trat aber
das ganze Werk nicht nur in den Kreis der Sage, welcher
es selbst entsprossen war, sondern mit Recht auch in den

allgemeinen ethischreligiösen Vorstellungskreis,
den es mit der Einführung der märchenhaften Erdgeistsfigur
verlassen hatte, wieder herein; es ward klarer und faßlicher
weniger phantastischneblig, es schloß sich dem Leben wieder
näher an, es ward dadurch, daß die an sich bedeutendere Ge=
stalt, die des Satans, wieder die erste Stellung erhielt, selbst
bedeutender, als es mit jenem farb= und harmlosen Geist der
Erde geworden wäre. Auch Faust ward zwar schuldhafter,
wie er es sein mußte, aber auch großartiger durch die Kühn=
heit, mit welcher er den Wettvertrag schloß, durch das Selbst=
gefühl, mit welchem er einerseits den Teufel für seine Zwecke
zu gebrauchen, andrerseits ethisch sich ihm nicht gefangen zu
geben unternahm; er ward hiedurch weit bedeutender und da=
mit seinem ganzen sonstigen Charakter entsprechender dargestellt,
als wenn er so ganz passiv den Mephistopheles sich zum Be=
gleiter hätte geben lassen, wie es im ersten Entwurf der Fall
war. Was wäre doch Göthe's Faust, wenn der Erdgeist, wie
die Kritik will, die Hauptperson in ihm geblieben wäre! Jetzt
ist er die divina commedia, welche die Idee des Kampfes
des guten und bösen Princips im und um den Menschen nach
ihrem ganzen Umfang ebenso großartig erhaben als am pas=
senden Ort mit freister humoristischer Behandlung in sich auf=
genommen, welche alle Hauptelemente des religiösen Vorstel=
lungskreises alter mittlerer und neuerer Zeit poetisch in sich
verarbeitet hat; jetzt ist er das in seiner Art einzigste, zugleich
geistliche und weltliche, alle Kreise der Schöpfung, Himmel
Erde und Hölle durchmessende Drama; das Alles wäre das
Werk nicht, wenn Göthe die Idee des Vertrags mit der Ge=
walt des Bösen nicht hergestellt, wenn er seine anfängliche,
doch zu gefühlsweiche und kraftlose Umbildung des Faustbuchs
und Puppenspiels nicht wieder zurückgenommen hätte. Es

war ein glücklicher Moment, als in Göthe's Seele die Er=
kenntniß aufging, daß es ein Fehler gewesen war, von dem
so wol in sich geschlossenen, so gewaltige Motive in sich ber=
genden Kreis der Faustsage zu weit abgehen zu wollen, und
er sich von hier aus entschloß, den Erdgeist zu entsetzen, den
Teufel wiedereinzusetzen; dadurch erst kam das größte Dichter=
werk der Neuzeit zu Stande.

Hatte Göthe einmal den Rückweg zur ursprünglichen
Faustidee gefunden, so ergab sich die Umgestaltung in
ziemlich einfacher Art.

Faust sollte auch jetzt das unbedingt nach allem mensch=
lichen Schönen und Großen strebende und hiedurch in Ver=
messenheit und Schuld gerathende, keineswegs aber schon von
Anfang an frevelhafte böse Subjekt sein; somit mußte er auch
jetzt zu seinem schuldhaften Bunde mit dem Teufel doch wie
unwillkürlich kommen, er mußte den Teufel, wie in der ersten
Bearbeitung, finden ohne ihn zu suchen. Es ergab sich mit=
hin die Aufgabe, das unaufgeforderte Herankommen des jetzt
nicht mehr von einem Dritten gesendeten bösen Geistes zu
Faust zu motiviren; dafür bot sich ganz ungesucht die Wette
des Letztern mit dem Herrn dar, wie das Buch Hiob sie an
die Hand gab; diese Wette wurde daher dem Ganzen als
Prolog im Himmel vorangestellt. Dieser Prolog motivirt
es, warum der Satansmeister gerade an Faust und keinen
Andern sich macht; er eröffnet zugleich eine Aussicht darauf,
daß Faust nicht untergehen werde; aber der Hauptzweck ist
jene Motivirung; der Prolog gehört ganz und gerade so zum
Drama selbst, wie irgend eine Scene desselben, die auf Erden
vorgeht, oder wie die Unterredung zwischen dem Herrn und
dem Widersacher im Buch Hiob nothwendiges Glied der Ein=
kleidung des Ganzen ist.

In den einleitenden Scenen, welche dem Selbstmords=
entschluß vorhergehen, war wenig zu ändern. Der **zweite
Monolog** „Ich Ebenbild der Gottheit" u. s. w. geht im
Wesentlichen auch schon auf die erste Faustbearbeitung zurück,
wie dieses unter Anderem schon die auch hier vorkommenden
Anklänge an Werther [10]) beweisen. Dieser Monolog wurde
aber nunmehr wichtiger als früher, weil er jetzt zu denjenigen
Stücken gehörte, welche Faust's endliche Verfluchung alles
Lebens, alles Glaubens, aller Liebe Hoffnung und Gebuld
direkt vorzubereiten haben, und so mögen allerdings die star=
ken Farben, mit denen hier Faust's Unmuth geschildert ist,
zugleich von der zweiten Bearbeitung herrühren. Insbesondere
mag hiezu zu rechnen sein, die so starke und ausführliche
Schilderung des Scheiterns der Ideale in der Wirklichkeit,
der Enttäuschung und Vereitlung der schönsten Gefühle und
Hoffnungen des Lebens („dem Herrlichsten, was auch der
Geist empfangen, drängt immer fremder Stoff sich an" u. s. w.)
eine Stelle, welche, in diesem Zusammenhang zur Noth ent=
behrlich, wol als spätere Zuthat betrachtet werden kann. —
Wenn Vischer sagt, daß dieser zweite spätere Monolog etwas
Schleppendes habe, früher schon Ausgesprochenes wiederhole,
andere Farbe trage als das Frühere, wenn nach Dünzer
insbesondere die Wiederholung des über Instrumente Hausrath
Bücher Gesagten unstatthaft ist („Ist es nicht Staub, was
diese hohe Wand" u. s. w.), so muß ich hiegegen den Dichter
in Schutz nehmen. Schleppend, blos wiederholend ist der
zweite Monolog nicht; die Situation, und entsprechend die
Stimmung, ist vielmehr hier e i n e g a n z a n d e r e als im
ersten, es ist die Lage n a c h geschchtertem Versuch (die Geister
zu bannen und festzuhalten); es ist ein Zustand der Nieder=
drückung, der sich bis zur Verzweiflung steigert; es ist jetzt

Alles weit unmuthiger bitterer, unheimlich grimmig; es ist der große Unterschied, daß Faust jetzt nicht mehr, wie im ersten Monolog, hofft und von Hoffnung glüht, sondern in trauriger Niedergeschlagenheit, die er nicht ertragen, in kummervollem Schmerz, dem er trotzig sich nicht beugen will, sich immer mehr erhitzt und „verwirrt" bis zur Verzückung des Selbst= mordversuchs. Daß Faust jetzt noch einmal, wiewol weit mißmuthiger als zuvor, auf sein enges und kümmerliches Leben, auf seine Bücher Instrumente u. s. w. zurückblickt, ist natürlich, da er ja zu ihnen „zurückgestoßen" ist durch die „grausame" Abweisung des Erdgeistes, nachdem er vorher gehofft hatte frei von all diesem beengenden Wuste zu werden. Sodann liegt in diesem zweiten Monolog ein wesentlicher Fortschritt gegen den ersten darin, daß Faust jetzt am mensch= lichen Leben überhaupt verzweifelt, am Menschenleben über= haupt die schlechte Seite herauskehrt, während er vorher nur über seine eigene individuelle Lage sich beklagt hatte. Das ergibt freilich eine andere Farbe, aber mit Recht: denn da Faust die Magie mißlungen ist, so hebt er nun das Miß= lingen so vieles Schönen im Leben überhaupt, das Scheitern menschlicher Plane und Hoffnungen im Allgemeinen hervor; diese Verallgemeinerung ist ächt menschlich und insbesondere ächt faustisch; Faust treibt auch hier Alles auf die Spitze, er erklärt das Leben überhaupt für schlecht, für grausam und mißgünstig gegen den Menschen, für das Grab der Gefühle und Hoffnungen, weil es ihm was er wollte nicht gewährt, weil es ihn enttäuscht und auf sich selbst zurückgewiesen hat. In der That ist es ja auch für Faust arg genug, sich um das Letzte, was ihm sein Dasein wieder schön und erfreulich zu machen versprach, um die Hülfe der Geister betrogen, die magische Gewalt über dieselben sich entwunden, zu völliger

Hülflosigkeit sich verdammt zu sehen. Allen Anfechtungen der
Kritik entgegen muß somit behauptet werden, daß der Fort=
gang hier durchaus dramatisch, ebenso mit dem Frühern ein=
stimmend als richtig zu Neuem fortleitend und steigernd, ge=
halten ist; Faust ist gescheitert, also redet er vom Scheitern
menschlicher Plane und verliert den Lebensmuth desto mehr,
je tiefer er sich dasselbe zu Herzen nimmt, er ist beschämt und
sieht sich daher gehöhnt und gedemüthigt ("Was grinsest du
mir, hohler Schädel, her" u. s. w.), er wird immer wüthen=
der über das menschliche Dasein, bis er es grimmigtrotzig
wegzuwerfen beschließt. Ganz gut wirkt in dieser Richtung
auch das vorangegangene Nachtgespräch mit Wagner nach,
dessen Inhalt ja eben auch die Aermlichkeit menschlicher Dinge
und Bestrebungen gebildet, wo Faust auch bereits sich in einen
Unmuth hineingeredet hatte, der mit Dem worauf er grollt
nichts mehr zu thun haben will. Die Trefflichkeit, mit welcher
der Hauptgedanke, das Scheitern der Ideale, im Einzelnen
ausgeführt ist, bedarf keiner nähern Auseinandersetzung, eben=
sowenig als gleich nachher die Großartigkeit und innere Wahr=
heit der Schilderung der Stimmungen, die den Selbstmords=
versuch begleiten: zuerst die plötzliche Beschwichtigung der
Unruhe durch die Aussicht auf Befreiung, der schwärmerisch
begeisterte Ausblick in die Ferne, in die Weiten des Univer=
sums, woher Faust die im engen Erdenleben vermißte Freiheit
zuzuwinken scheint, sodann das Auftauchen des Gefühls, daß
er sich damit doch zu viel vermesse ("diese Götterwonne, du
erst noch Wurm und die verdienest du?"), hierauf die Be=
ruhigung hierüber durch den freilich wieder vermessenen Ge=
danken, daß die Ehre gebiete vor dem dunkeln Gebiet des
Jenseits nicht zurückzuschrecken, daß die Kühnheit der That
sie rechtfertige. Daß Göthe den Selbstmordsentschluß aus

seiner ersten Faustdichtung beibehielt, war ganz richtig; das unbankbar Anmaaßliche, das willkürlich Gewaltthätige dieses Entschlusses war die beste Vorbereitung für das Eintreten in den Teufelspakt, zu welchem Faust sich endlich verleiten lassen sollte.

Die Art, wie.Faust durch den **Ostergesang** von dem übereilten Entschluß abgebracht wird, hat Vischer's starken Tadel erfahren. Er sagt: Entschieden angreifen muß ich das Motiv, daß Faust durch den Kirchengesang von seinem Schritt abgehalten, ins Leben zurückgerufen wird; die Scene ist von großer poetischer, theatralischer Wirkung, aber sie ist nur für sich schön, nicht hat sie die Schönheit eines organischen noth= wendigen Gliedes in einer Handlung, sie ist ein nur allzu formelles rein poetisches Motiv; die Neigung zum Opernhaf= ten, welche bei Göthe in seinen mittlern Jahren so fühlbar wird, mischt sich hier bedenklich für Den ein, der unbefangen den Zusammenhang des Ganzen zum Maßstab seines Urtheils macht; durch diesen war statt der opernhaften Wendung eine andere gefordert; hier hätte Mephistopheles eintreten, durch schmeichelnde Worte und Mittel Faust für die Reize des Lebens gewinnen sollen.

Auch hier möchte ich mit Ausnahme Eines untergeord= neten Punktes dem Dichter Recht geben. Der Vorwurf des Unorganischen, blos Opernhaften, blos formell Schönen ist zu hart; es ist, wie wir sehen werden, etwas Wahres daran, aber der Fehler fällt mehr auf die Seite der Ausführung als der ganzen Anlage der Scene. Diese, die Scene selbst, hat gewiß ihre volle Berechtigung an dem Orte, den sie einnimmt. Sie ist eine den Teufelspakt einleitende, vorbereitende, zugleich aber auch (um mit Göthe zu reden) „retardirende" Scene, sie ist eine der Scenen, welche die Katastrophe

herbeiführen helfen, aber auch dazu helfen, daß sie nicht zu
früh, nicht unmotivirt eintritt. Faust muß, bevor er für den
Pakt reif wird, erst noch recht **durch die mannigfaltig=
sten, die entgegengesetztesten Stimmungen hin=
durch,** er muß zuvor gehörig gerüttelt und geschüttelt werden,
ehe er das Aeußerste ergreift, er muß es recht fühlbar er=
fahren, daß im Einen Moment Befriedigung und Ruhe dem
Menschen zu Theil werden zu wollen scheint, daß aber im
nächsten „der Strom wiederum versiegt", er muß so viel als
irgend möglich durch Gefühlswechsel und Gefühlstäuschungen
herumgeworfen werden, ehe er dem Feind der Menschheit sich
in die Arme wirft. Dazu dient auch unsre Scene; und zwar
vortrefflich. Was ist später, als es sich um die Bundes=
schließung handelt, für Faust das Entscheidende? Nichts An=
dres als der Hohn des Mephistopheles über die Rührung,
durch die er vom Selbstmord sich hatte abbringen lassen; die
Scham und Erbitterung, welche Faust über diese Schwäche,
die ihn dem elenden Leben zurückgab, empfindet, ist es, was
ihn treibt mit Allem zu brechen, Welt und Leben Glaube und
Liebe zu verfluchen und in verzweifeltem Unmuth dem Ver=
derber die Hand zum Bunde zu reichen. Alles muß Faust
„mit Lock= und Gaukelwerk umspannen", ihn **täuschen und
trügen,** Alles und so auch das religiöse Gefühl; auch in
diesem muß er ein Gaukelwerk erblicken, das dem Menschen
eine scheinbare, in der That aber trügerische Zufriedenheit
mit der Welt vorspiegle: dann erst wird er sich dazu ent=
schließen, Alles zu wagen, weil Alles verloren, weil nirgends=
her Befriedigung zu hoffen ist. Des Teufels Freund wird
Faust, wird der Mensch überhaupt so leicht nicht; daß er dieß
werde, dazu muß er sich von Allem, was ist, verlassen be=
trogen getäuscht glauben, er muß Grund zu haben glauben,

Alles zu verwerfen und zu verfluchen; somit muß er auch von Seiten des Religiösen eine Enttäuschung erfahren oder zu erfahren meinen, wie er sie hier erfährt durch die augenblick= liche, schnell genug wieder verschwindende Aussöhnung mit dem Menschenleben, die der Ostergesang in ihm bewirkte. Die erbitterte, dramatisch aber vortrefflich zur Entscheidung führende Apostrophe Faust's in der Unterredung mit Mephi= stopheles: „Wenn aus dem schrecklichen Gewühle ein süß bekannter Ton mich zog — — —, so fluch ich Allem — —", diese Apostrophe war nicht möglich ohne die Scene mit dem Ostergesang; dadurch ist auch diese gerechtfertigt. Die Scene stimmt ferner vorzüglich zu Faust's Charakter; auch sie zeigt ihn als den lebendig fühlenden Menschen, der mit derselben Unwiderstehlichkeit, mit welcher ihn so eben der Selbstmordsgedanke erfaßte, nun auch von schönen Jugend= gefühlen ergriffen wird; wäre Faust nicht dieser so lebendig fühlende Mensch, so würde er nicht im Stande sein aus Un= muth schließlich das Aeußerste zu wagen, er muß daher überall und so auch hier erscheinen als dieser erregbare, ergreifbare Gemüthsmensch. Faust ist zudem schon längst überreizt, er ist durch die nächtige Geisteserscheinung und was sich weiter daran anschloß aufs Heftigste erschüttert; um so offener ist er auch dieser neuen Wirkung auf seine Stimmung; wie er der Versuchung das bereit stehende Gift zu seinem Befreier zu erwählen nicht zu widerstehen vermochte, so auch nicht der Rührung, welche die plötzliche Erinnerung, daß daß Leben doch schön ist, in ihm erregt. Faust ist einsam; auch diese Einsamkeit trug zu dem Entschluß das Leben wegzuwerfen bei; ganz naturgemäß erfolgt die Zurücknahme dieses Entschlusses in Folge eines Vorgangs, der ihn aus der Einsamkeit, aus der Ferne vom Leben herausreißt, ihn erinnert, daß Menschen da sind, daß in der Menschenwelt sich doch viel Schönes und Wolthuendes findet. Faust ist nicht nur überreizt und er= schüttert, sondern auch in Folge alles Dessen was er in dieser Nacht unternommen und erfahren in einer feierlich geho= benen Stimmung, die sich schon in den Reden bei dem Selbstmordsversuch klar genug ausspricht („Ein Feuerwagen schwebt an mich heran" u. s. w.); so ist er auch nun für den Eindruck der erhebenden Osterklänge weit empfänglicher als sonst, dießmal müssen sie an sein ebenso krankes und heftig erregtes als großartig gehobenes Gemüth mit einer Stärke schlagen, der er nicht widerstehen kann, und zwar um so weniger als seine ehrliche, zu viel wollende, aber nichts weniger als eitle und dünkelhafte Natur nicht von der Art ist, ächtmenschlicher Gefühle sich zu schämen. Und wie schön ist eben diese Rührung durch den Ostergesang wiederum einge= leitet und vorbereitet durch die bereits ähnliche Wirkung, welche der Pokal durch die Erinnerung an gesellige Jugend= freuden in Faust's Innerem hervorgerufen hat; mit dieser Erinnerung ist schon das Schöne des Lebens wieder vor ihn getreten, es ist schon ein Eindruck auf sein Gemüth erfolgt, an den um so leichter der nächste allerdings weit stärkere und tiefere Eindruck der Osterfeierlichkeit sich anschließen kann.

Eine Zufälligkeit ist nun allerdings dabei. Denn der Ostergesang scheint doch wie ein Deus ex machina zu kommen, um Faust von einem übereilten Lebensende zu retten. Wenn es nun nicht gerade Ostern, wenn es auch nur um ein paar Stunden, Minuten zu früh wäre, was dann? hätte dann Faust den Becher getrunken? hieng Alles ganz nur an diesem Zufall, daß es schon Mitternacht und zwar Osternacht ist? Ich leugne nicht, daß hier eine undramatische Zufälligkeit obwaltet. Allein sie fällt lediglich auf die Seite der Aus=

führung. In Wirklichkeit ist es ja nicht ganz zufällig, daß Faust gerade in der Frühlings=, in der Osterzeit ein neues Leben beginnen und weil der Versuch fehlschlägt sein Erden= dasein endigen will. Ostern ist ein Abschnitt im Leben als Frühlingsfest, es fällt in die Zeit, wo neue Gefühle Freuden und Triebe erwachen, wo der Mensch selbst wie die Erde auf= thaut, wo Natur und Welt den Menschen wieder in neuem Gewande anschauen, neue Lebenspläne in ihm rege machen, oder ihn auch zur Wehmuth darüber stimmen, daß es nicht besser werden, daß in der neuen Zeit alte Sorgen und Leiden nicht weichen wollen. Dieß Beides, Frühlingslust und Frühlingsweh, kann auch bei Faust dazu mitgewirkt haben, daß er durch Magie Neues erkunden, sein altes Leben loswerden, ein anderes und schöneres beginnen wollte; im Winter hat er sich abgequält und abgekreuzigt, Nächte hin= durch gedacht und nichts herausgebracht, im Frühling hat er die Plackerei endlich satt bekommen. Hätte Göthe, ähnlich wie er es im Spaziergang gleich nachher that, schon hier im ersten oder zweiten Monolog, z. B. in der Stelle „Ach könnt' ich doch auf Bergeshöhen" u. s. w., auch nur ganz obenhin etwas der Art eingeflochten, so wäre aller Schein der Zufälligkeit verschwunden. Außerdem kann man der ganzen Anlage des Gedichts gemäß sagen: die ganze Geisterwelt, freilich in sehr verschiedener Weise, wacht über Faust, der freund= liche Erdgeist, der gnadenreiche Herr, der lauernde Mephisto= pheles; er wird somit sein Geschick nicht zu früh erfüllen.

Vischer ist der Ostergesangsscene auch noch aus einem andern Grunde entgegen, weil sie nämlich Hauptquelle des Mißverständnisses geworden sei, als ob Faust's Schuld und Unglück darin liege, daß er sich nicht im Glauben beruhigt, nicht durch das Dogma sich mit seinem Wissensdrang abfindet;

der Dichter, sagt er, habe Alles vermeiden müssen, was ent=
fernt den Schein mit sich führte, als lege er die Schuld des
Helden in das hohe schlechthin berechtigte Pathos der Erkennt=
niß an sich. Allein ich meine, auf mögliche Mißverständnisse
hat ein Schriftsteller keine Rücksicht zu nehmen. Vielmehr
ließ sich Göthe von einem ganz richtigen Gefühl leiten, wenn
er eine Scene einschob, in welcher sich Faust auch von
Demjenigen lossagt, was von Seiten des reli=
giösen Glaubens her ihn von der Bahn, die er
nun bald betreten wird, zurückrufen könnte. Der
Ostergesang hält ihn vom Selbstmord ab; aber er bringt ihm
auch die Entfremdung zum Bewußtsein, in welcher er sich den
gewöhnlichen religiösen Beruhigungsgründen gegenüber befindet,
Faust spricht diese Entfremdung bestimmt aus trotz der augen=
blicklichen Rührung, er schließt sich hiemit durchaus innerhalb
seiner selbst ab auch nach der religiösen Seite hin. Wie die
ganze Scene charakteristisch ist für Faust's Individualität und
Lage, wie sie den lebendig fühlenden Menschen zeigt, wie sie
seinen Unmuth auf der höchsten Spitze darstellt, wo er seiner
Gefühle nicht mehr Herr, sondern einmal todes=, dann wieder
lebensmuthig, kurz eben kranken Herzens ist, so setzt sie auch
Faust's Stellung zur Religion in ein klares Licht und ver=
vollständigt so die Schilderung der Situation durch ein Mo=
ment, das nun eben einmal auch nicht fehlen durfte.

Auch der **Engelgesang** reiht sich wenn auch nicht dra=
matisch unentbehrlich durchaus treffend an. Im Gegensatz zu
Faust's übermäßig unzufriedenem und gewaltsam vermessenem
Beginnen zeigt er den wahren Weg zur Erhebung über allen
Unmuth vonwegen des Irdischen (ein Unmuth, der nicht eigent=
lich christlich, aber der Situation entsprechend hier auch der
Christengemeinde beigelegt wird, „ach an der Erde sind wir

zum Leibe da, ach wir beweinen, Meister, dein Glück"); er
fordert nämlich dazu auf, sich ethisch von sich selber, von den
Banden der Beschränkung auf das eigene Ich loszureißen,
sich selber und seine eingebildeten Leiden zu vergessen in sitt=
licher That, im Wirken für die wirklich leidende Menschheit.
Es tritt hier Faust bereits Dasjenige gegenüber, wozu er am
Schlusse seiner Laufbahn, aber freilich spät und in andrer
Weise, kommt; allein jetzt nimmt er es nicht· in sich auf,
theils wegen der spezifisch religiösen Form, zu der er keinen
Glauben mehr fassen, theils wegen der Größe seines Unmuths,
die er nicht sofort bewältigen kann, und somit bleibt es dabei,
das Leben zu hassen und geringzuachten, obwol die Rührung
es Faust unmöglich macht, sein Dasein im Moment von sich
zu werfen.

Rein ästhetisch betrachtet bildet schließlich die ganze
Scene einen durchaus erwünschten Kontrast und Abschluß zu
Allem, was ihr vorhergeht. Lang genug haben wir Faust,
mit nur kurzer Unterbrechung durch das Gespräch mit Wag=
ner, allein, blos mit sich selbst beschäftigt vor uns gesehen; es
ist folglich in der Ordnung, daß endlich der Schauplatz sich
erweitere, etwas Allgemeines und Allumfassendes sich zeige,
eine Perspektive auf das universelle Geistesleben, auf die
Menschheit, auf die Welt im Großen und Ganzen sich eröffne.

Ein gewöhnlich nicht bemerkter Widerspruch ist allerdings
durch die spätere Einführung der Ostersangsscene in das
Faustgedicht gekommen, nämlich in der **Scene im Studirzimmer.** Nachdem Faust am Morgen des Tags ausdrücklich
erklärt hat: „die Botschaft hör' ich wol, allein mir fehlt der
Glaube, zu jenen Sphären wag' ich nicht zu streben, woher
die holde Nachricht tönt, klingt bort umher, ihr Himmelstöne,
wo weiche Menschen sind", kann er am Abend nicht noch

einmal auch nur für einen kurzen Augenblick zur Bibel greifen
als zu der Urkunde, wo die Offenbarung am schönsten brennt,
wo man Ruhe und Erquickung sucht in allen Stürmen des
Lebens. Das paßte in die erste Dichtung, aber nicht mehr
in die zweite. — Daß ebendaselbst des Hokuspokus bei
der Entlarvung des Mephistopheles zu viel sein soll, wie
Vischer glaubt, ist nicht zu erweisen. Der Fortgang in der
Beschwörung ist ganz natürlich. Die Thiergestalt läßt zunächst
auf einen Naturgeist schließen (Salamander, Undene, Silphe,
Kobold); erst als dieß sich nicht bewährt, zeigt es sich, daß
es ein Höllengeist ist, gegen welchen somit neue Beschwörungen
(das dreimal glühende Licht) anzuwenden sind, um ihn zur
Selbstenthüllung zu zwingen. Ueberhaupt ist ein gewisser
„Hokuspokus" nothwendig, wenn ein so seltener und außerordentlicher Gast wie der Teufel kommen soll; ein Wesen
anderer Welten muß immer mit gewissen Umständen auftreten.
Auch liegt es ganz im Wesen des Teufels, nicht blos in der
behaglich gemüthlichen Gestalt des Hundes, sondern auch in
furchtbarern Gestalten sich sehen zu lassen. Endlich ist dieß
Alles dramatisch nothwendig; Mephistopheles muß sich doch
als Teufel ausweisen; wie soll er es anders als durch solchen
vorläufigen Hokuspokus, da er ja nicht als Teufel mit Hör-
nern Schweif und Klauen, sondern als fahrender Scholast
Faust sich vorzustellen gedenkt. Ebendeswegen, um sich als
Teufel auszuweisen, geht er, trotzdem daß er selbst ein ratio-
nalistisch aufgeklärter Teufel ist, auf den Hokuspokus der Beschwörungen und Metamorphosen ein, wie auf der andern
Seite Faust trotz seines skeptischen Pantheismus christliche
Beschwörungsformeln braucht, weil er wie so viele Mystiker
und Theosophen die Dreieinigkeitslehre, die denselben zu Grund

liegt, auch in seinem eigenen philosophisch pantheistischen Sinne nehmen und verwenden kann.

Mit größerem Scheine des Rechts ließe sich in Betreff der Scene im Studirzimmer fragen, warum dieser erste Besuch des Mephistopheles so schnell abgebrochen, warum nicht Alles gleich abgemacht wird, sondern ein zweiter Besuch folgt. Allein bei einem bloß einmaligen Besuch wäre das Geisterconcert, das Faust in Schlaf und Träume lullt, und hiemit sowol wieder eine Probe, durch die Mephistopheles sich selbst und seine Macht beurkundet, als auch ein thatsächlicher Beweis der gefährlichen Gewalt des Teufels über den Menschen verloren gegangen, ein Beweis, durch den Faust keineswegs zu passiv erscheint (wie Bischer will), da es ja in jedem Falle feststeht, daß der Mensch der Satansgewalt leichter unterliegt, als er es sich selbst versehen mag. Außerdem ist es passend, daß der erste Besuch nur vorläufiger Art ist. Mephistopheles ist gegen den Mann, den er fangen will, artig und höflich, er will die erste Zusammenkunft nur als Anstands- und Anfragebesuch betrachtet wissen, er will nicht treiben und drängen, er will Faust lüstern nach seinen Künsten machen durch seine Entfernung und ihm Zeit lassen, damit der Vertrag nicht zu übereilt zu Stande komme. Für ihn ist freilich das Hauptmotiv seines Wunsches wegzukommen die Unbehaglichkeit sich gefangen zu wissen durch das Pentagramm; aber auch dieser Zug ist vom Dichter glücklich erfunden; die Entdeckung Faust's, daß auch die Hölle ihre Gesetze, ihre Rechte und Pflichten hat, leitet den Gedanken an einen Vertrag so treffend ein, als es nur irgend geschehen konnte, sie legt Faust den Gedanken nahe, es sei mit Mephistopheles etwas anzufangen, man könne ihn sich unterthänig machen, selbst der Teufel sei Beschränkungen unterworfen, die für den

Menschen einen Vertrag mit ihm sicherer und ungefährlicher erscheinen lassen, als man es auf den ersten Anblick meinen könnte.

Am stärksten ist von Weiße und Vischer der Theil der Unterredung zwischen Faust und Mephistopheles angegriffen worden, in welchem Letzterer über sich und sein Wesen Aufschluß gibt („ein Theil von jener Kraft, die stets das Böse will und stets das Gute schafft" u. s. w.). Weiße sagt: Mephistopheles erscheint hier anders als in der folgenden Scene und den übrigen ältesten Bestandtheilen des Gedichts. In diesen ist er eine durch und durch individuelle Gestalt, ein lebendiger Mensch mit Fleisch und Blut, der vom Gespenst, vom unterirdischen Gott nur so viel hat, als sich mit seiner poetischen Individualität verträgt und als auch sonst ächte Dichtung den Heroen oder Zauberern der Sage zutheilen darf. Anders durfte ihn Göthe nicht auftreten lassen, wenn er nicht, was in der zweiten Bearbeitung offenbar geschehen ist, das lebendige Charakterbild von vorn herein durch metaphysische Reflexion abbleichen wollte. So redet er denn auch zu Faust und Faust zu ihm im kecken frischen derbrealistischen Tone munterer lebensfroher Gesellschaft, ein Ton, der der ursprüngliche des Gedichts ist, nach dem Vorgang übernatürlicher Ereignisse aber und nachdem Mephistopheles Faust einen Blick in die metaphysischen Geheimnisse des Geisterreichs, dem er entstiegen ist, hat thun lassen, kaum ohne Zwang angestimmt werden konnte.

Offenbar zu viel gesagt! Wenn Mephistopheles' Ursprung aus der Hölle ausdrücklich ausgesprochen, oder wenn dieses Höllenreich selbst wieder als Ausgeburt des Chaos bezeichnet wird, so ist das keine abbleichende metaphysische Reflexion. Schon darum nicht, weil diese Metaphysik, die der

Höllensohn losläßt, nichts weniger als bloße „Reflexion" ist,
sondern wie in der Regel alle transscendente Spekulation doch
einen sehr starken poetischen, ja phantastischen Anstrich hat.
Warum soll dann ferner ein Chaos= und Höllensohn nicht
auch Individualität haben oder vom Dichter empfangen können,
so gut als ein Erdensohn? Irgend einem allgemeinen Lebens=
gebiet gehört. Alles an; das hebt die Individualität nicht auf.
Hölle, urweltliche Finsterniß, Chaos sind zudem zwar dunkle,
aber eben um dieses Dunkels willen höchst-romantische, wegen
des Furchtbaren das ihnen anklebt sehr charakteristische, kurz
für die Dichtung ganz geeignete und darum auch von jeher
bei ihr sehr beliebte Vorstellungen. Warum soll endlich der
Chaos= und Höllensohn nicht keck derb realistisch reden? er,
der eben als Chaos= und Höllensohn die Materie selbst, der
eingefleischte Materialismus, der geborne Verächter alles Gei=
stigen und Idealen ist und überall mit gründlichstem Behagen
das Schlechte in der geistigen Welt zu finden und zu ver=
spotten weiß. Ein Widerspruch mit der ersten Bearbeitung
findet nicht im Geringsten statt; auch in ihr steht schon Höl=
lisches und „Metaphysisches" genug über Mephistopheles.
„O glaube mir, der manche tausend Jahre an dieser harten
Speise kaut, dieß Ganze ist nur für einen Gott gemacht! er
findet sich in einem ewigen Glanze, Uns hat er in die Fin=
sterniß gebracht und Euch taugt einzig Tag und Nacht"; ist
hier Mephistopheles nicht bereits derselbe, wie in den spätern
Stücken, der in das finstere Höllenreich (dem er entstammte)
hinabverstoßene Feind Gottes und der Welt? sind hier nicht
alle alten metaphysischen Lehren vom Fall und Sturz der
Teufel in nuce bei einander? Oder: „mit Grausen seh' ich
das von Weiten"; „Ich möcht' mich gleich dem Teufel über=
geben, wenn ich nur selbst kein Teufel wär'"; „Und hätt' er

sich auch nicht dem Teufel übergeben, er müßte doch zu Grunde gehen"; „Merkt euch, wie der Teufel spaße!" Ist es hier, sowie in den etwas spätern Stellen der Herenküche, wo Mephistopheles von sich spricht, wirklich bloß ein ganz menschlicher lebensfroher Geselle, der sich vernehmen läßt? ist es nicht vielmehr einfach der Teufel des Volksglaubens und der Sage, der „Lügengeist", der allerdings in den meisten dieser Stellen, aber wiederum dem Volksglauben gemäß, als einer unter mehrern, als ein partikulärer Teufel, als „Theil" des Höllenreichs auftritt, weil, wie wir noch mehr sehen werden, die lebendig konkrete Individualisirung, welche ihm Göthe gab, nur möglich sein konnte, wenn Mephistopheles nicht der Böse in abstracto, sondern eine der vielen unter sich mannigfaltig verschiedenen Teufelsspecies und Teufelsgestalten war? Man lese nur am Schlusse des achten Buchs von Wahrheit und Dichtung das theosophische System, das sich Göthe schon sehr früh, schon bevor er an Faust dachte, aus Neuplatonismus Gnosticismus Kabbala zusammenerbaut hatte, und man wird sehen, daß Göthe, als er den Faust begann, sich seinen Mephistopheles schon gar nicht mehr ohne jene „metaphysischen" Hintergründe denken konnte, weil er sich dazu schon viel zu viel mit spekulativer Mystik beschäftigt hatte. Und auch abgesehen von diesen Spekulationen, wie sollte ihm jemals der Gedanke gekommen sein, den Teufel nicht Teufel sein zu lassen, den Eindruck seiner gefährlichen Macht herabzustimmen durch Abschwächung oder Verleugnung des Höllischen an ihm? Der lustige Gesellschafter war von Anfang an nur eine Maske, die Mephistopheles anlegte; von Anfang an war er für Göthe der kalte Welt- und Menschenfeind, der nur deswegen harmloser aussieht als andere Teufel, weil seine Ironie und Satyre, sein Behagen am Thörichten und Schlechten ihn theils menschenähnlicher theils wirklich heiterer macht, als z. B. die „Herrn vom graden und krummen Horn" am Schluß des zweiten Theils, die nichts zu thun haben als Menschenseelen festzupacken und ihnen das Höllenfeuer zu schüren. Auch nach Vischer ist das erste Gespräch zwischen Faust und Mephistopheles auf einen verunglückten philosophischen Versuch verwendet, statt daß Dieser Jenen lüstern nach der Welt stimmen sollte. Allein hatte es denn mit letzterem Geschäft so große Eile? Durfte Mephistopheles vorerst nicht Faust's Fragen nach seiner Person und seinem Wesen beantworten? Und wenn er sie beantwortete, wie sollte er sie beantworten? Gewiß nicht mit den Worten: Ich heiße Mephistopheles, ich bin der und der höllische Geist von dieser oder jener Rangstufe, z. B. einer der sieben Kurfürsten, die Kaiser Lucifer unter sich hat (was er in der Geisterlehre ist [11]). Auf den Namen kam es nicht an, wie er selbst spöttisch bemerkt („die Frage scheint mir klein für einen, der das Wort so sehr verachtet"); das allein Richtige war vielmehr, daß er sich klar und entschieden, aber allgemein und daher allerdings philosophisch als einen Angehörigen des satanischen Gebiets überhaupt bezeichnete. Zudem steht er ja vor einem großen Philosophen, der in der Wesen Tiefe trachtet; wie kann er einem solchen Manne sich besser vorstellen und empfehlen, als wenn er selbst den Ton der Philosophie, der Metaphysik, der Spekulation anschlägt? Wie kann er ferner besser Faust's Neugierde erregen und spannen, als wenn er zunächst sich im Allgemeinen und Unbestimmten hält, „ein Theil von jener Kraft, die stets das Böse will und stets das Gute schafft"? Wie gut ist sodann gerade wieder diese Selbstbezeichnung an ihrem Ort motivirt? Auf Faust's höhnische Anreden: Fliegengott, Verderber, Lügner u. s. w. antwortet Mephistopheles

ganz natürlich mit der Absicht sich als so gar schlimm nicht
darzustellen, indem er einerseits eingesteht, böse nenne man
freilich sein Geschäft, in der That aber sei es gut (sofern die
Endlichkeit aller Dinge ihm das Recht gebe, diese ihre End=
lichkeit durch Arbeiten an ihrer Vernichtung an den Tag zu
bringen); soll Mephistopheles hier, wie sonst im Gedicht, der
gescheite Teufel sein, so muß er auch als Teufel dargestellt
werden, der auf sein Handwerk etwas hält; daher der Nach=
druck, den er auf das „Schaffen des Guten" legt. Die wei=
tere Ausführung hievon: „Ich bin der Geist, der stets ver=
neint, und das mit Recht" u. s. w. ist gleichfalls ganz einfach
durch den einmal angeschlagenen Ton an die Hand gegeben;
kurz, kommt der Teufel einmal, so darf und muß er doch
etwas von sich sagen, und kommt er zu Faust, so wird er es
am besten in einer diesem zusagenden, sowie sich selbst empfeh=
lenden Art und Weise thun. Vischer tadelt ferner, daß
Mephistopheles „das Böse blos als Zerstörung und Untergang
in der Natur bestimme". Allein Göthe that sehr wol daran,
nicht nur hier, sondern im ganzen Gedicht Mephistopheles als
negativ böse, als verneinenden verderbenden Geist auftreten
zu lassen. Nur dieses Negative des Verneinens Bekämpfens
Zunichtemachens paßt zu der ihm von Göthe gegebenen gei=
stigen Fassung, zu seinem negativen kritischen skeptischen iro=
nischen satyrischen Wesen, durch welches, wie später noch näher
gezeigt werden wird, die ganze Figur des Mephistopheles ja
überhaupt erst eine erträgliche, poetische geworden ist (was sie
in den frühern Faustdichtungen noch ganz und gar nicht war).
Ich gebe zu, es ist in den Antworten des Mephistopheles sehr
ausführlich und ausschließlich von derjenigen Seite seiner ver=
neinenden Thätigkeit die Rede, welche auf die Natur sich
bezieht; er scheint sich nicht bestimmt genug auch als Verderber

der Menschheit, als Verführer und Versucher darzustellen.
Allein es ist zu bedenken, hievon konnte Mephistopheles nicht
zu viel sagen; es war nicht klug, ja nicht einmal artig, sich
bei Faust als Menschenfeind einzuführen, der ihn zu verderben
im Sinne habe; und reden einmal Beide, der Philosoph und
der Satan, von der Macht und Berechtigung des negativen
Princips in der Natur, so ist über ein Zuviel oder Zuwenig
von Ausführlichkeit mit dem Dichter nicht zu rechten, er läßt
das Gespräch frei wie im Leben seinen Gang nehmen. Das
Speciellere desjenigen, was Mephistopheles über die Finster=
niß, die ursprünglich Alles gewesen, über das Licht als erst
später hinzugekommene Potenz des kosmischen Lebens ausspricht,
findet zum Theil seine Erklärung in der vorhin angeführten
Jugendphilosophie Göthe's in Wahrheit und Dichtung, es
schließt sich zudem an anderweitige wolbekannte hesiodische pla=
tonische gnostische und sonstige Vorstellungen von Chaos, Ur=
materie so ungezwungen an, daß des Philosophischen, des
Theoretisirens offenbar nicht zu viel ist. Endlich sagt Vischer:
„Mephistopheles definirt sich mit einer Emphase, die offenbar
ohne Sinn ist, als Theil des Theils, da, wenn einmal das
Böse in ihm personificirt wurde, er auch das ganze Böse ist.“
Aber warum soll denn das Böse, diese so weit reichende und
so mannigfaltig wirkende Macht, nur in Einer Figur personi=
ficirt sein? warum soll nur Einer auf dem Thron des Höllen=
reiches sitzen? ist das nicht gerade der Unterschied der Poesie
von der Philosophie, daß sie die streng begriffliche Einheit der
letztern zu einer Vielheit mannigfaltiger und durch diese Man=
nigfaltigkeit konkreter, anschaulicher Einzelgestalten auseinander=
schlägt, daß jene monistisch, diese pluralistisch polytheistisch
polydämonistisch ist? Und wenn insbesondere Mephistopheles
der dem Menschen näher stehende gesellige humoristische

schalkhafte Teufel sein mußte, falls er überhaupt eine poetische und eine zu Faust's Begleiter passende Figur abgeben sollte, so konute er ja nicht einfach der Teufel, der Leibhaftige, sondern nur ein Theil, ein einzelnes Individuum des Reichs des Bösen sein; das Böse oder der Böse überhaupt konnte nicht so mild, so behaglich dargestellt werden, wie Mephistopheles es relativ immer ist; nur einem Individuum, welches nur Theil, nur einzelne Figur der höllischen Sphäre, welches nicht alles Böse, nicht das ganze Böse ist, konnte dieser Charakter beigelegt werden, der so viele andere Eigenschaften des Bösen, namentlich das „Satanische", das furchtbar Rohe Grausame Bestiale und Brutale, gar nicht oder doch nur in gemilderter Weise an sich trägt. Auch im Prolog bekämpft Vischer diese vervielfältigende Personifikation des Bösen, vermöge deren es unter den vielen bösen Geistern auch einen Schalk, einen Ausspürer menschlicher Schwächen und Thorheiten gibt, und erklärt, richtiger hätte Göthe den Herrn sagen lassen: „Mag auch der Böse immerdar verneinen, er ist, als Schalk, mir nimmermehr zur Last". Allein der Böse, der alles Böse ist, ist so durchaus und so vielseitig böse, daß er selbst wenn er sich als Schalk geberdet dem Herrn immer „zur Last sein" muß, ihm und allen guten Geistern nur hassenswürdig, nur verächtlich sein kann. Soll es einen Teufel geben, der dem Herrn nicht zur Last ist, wie die ganze Anlage des Prologs ihn fordert, so kann es eben nur der Schalk, d. h. ein Teufel sein, in welchem das feinere und mildere Element des scharfen Verstandes über die brutalen Seiten des Teuflischen vorherrscht. Nicht darüber ist Göthe zu tadeln, daß er den Mephistopheles so individualisirte, wie er es gethan hat, sondern höchstens darüber, daß er diese Individualisirung nicht überall festhielt, sondern den Schalk oft genug mit dem Teufel in

abstracto wieder zusammenfließen.ließ. An Einem Orte war
dieß freilich am Platze, in der schon erwähnten Stelle „Auch
die Kultur, die alle Welt beleckt, hat auf den Teufel sich er-
streckt"; dieser Scherz ist, wie bereits gesagt wurde, nur dann
nicht matt, wenn der Teufel überhaupt, nicht blos ein einzelner
teuflischer Geist, als mit der Kultur der Zeiten fortschreitend
vorgestellt wird. Zudem kann Mephistopheles als jedenfalls
sehr bedeutende und mächtige Figur des teuflischen Reichs wol
im Namen des Satans oder der Hölle überhaupt reden, wenn
nicht gerade wie im Prolog durch den Zusammenhang der
Unterschied zwischen ihm und andern Teufelsnaturen ein be-
sonderes Gewicht erhält.

Die zweite Unterredung zwischen Faust und Mephistopheles ist von dem Dichter treffend eingeleitet mit der
Schilderung der gänzlichen Abgemattetheit und Verdrossenheit
Faust's. Nichts als Täuschung auf Täuschung hat er bis
jetzt erfahren, auch von Seiten des Mephistopheles selbst durch
dessen scheinbares Entschwinden für immer ("bin ich denn
abermals betrogen?" u. s. w.), dadurch ist er endlich mürbe;
jetzt kann der Teufel hoffen, ihn in seine Gewalt zu bekommen, und bekommt ihn auch, denn die gefährlichste aller Stimmungen, die Hoffnungslosigkeit, der hülflose Grimm über die
Unannehmlichkeiten des Lebens, hat Faust's sich bemeistert.
Der Fortgang im Ganzen und Einzelnen ist psychologisch
und dramatisch nicht zu beanstanden, Rede und Gegenrede
durchaus belebt und voll Salz und Kraft; nur Eines vermissen wir, wie schon bemerkt, nämlich eine genügende Vermittlung zwischen der pessimistischen Stimmung im Anfang
(aus der zweiten) und der lebens- und thatenmuthigen gegen
Mitte und Ende der Unterredung (aus der ersten Bearbeitung). Faust's Thatenlust ist in den Worten „Werd' ich

beruhigt je mich auf ein Faulbett legen" u. s. w. bereits
wieder erwacht; aber das ist eben der Fehler, daß sie dort
plötzlich wieder erwacht ist, nachdem ganz kurz vorher Faust
alle That, alles Streben verflucht und überhaupt ganz hoff=
nungslos sich geberdet hat. Das Erwachen, das allmälige
Wiederkommen der Thatenlust sollte selbst dargestellt sein, es
sollten Reden kommen, in welchen Faust aus Anlaß der Er=
bietungen des Mephistopheles ihm zu dienen sich darauf be=
sinnt, daß mit einem solchen Gehülfen doch sich etwas erreichen
und vollbringen lasse; dann erst wären jene Worte „Werd'
ich beruhigt" u. s. w. gehörig vorbereitet, dann erst wäre
überhaupt zwischen dem ersten pessimistischen und dem zweiten
in Vergleich mit jenem optimistischen Theil der Unterredung
eine Vermittlung hergestellt. Wie sehr es an einer solchen
Vermittlung fehlt, zeigt namentlich der Umstand, daß im zwei=
ten Theil Mephistopheles die Rolle des Besonnenen hat, der
Faust's dortiges überlebendiges Streben dämpft und mäßigt,
der ihm sagt, es sei nicht viel in der Welt anzufangen („O
glaube mir, der manche tausend Jahre" u. s. w.); das paßte
nur in die frühere Bearbeitung, in die spätere aber nicht
mehr; in dieser, im ersten Theil der Unterredung, ist Faust
so verdrossen, so kleinmüthig, daß ihm Niemand erst zu be=
weisen braucht, man solle vom Leben nicht zu viel erwarten;
kurz es herrschen in beiden Bearbeitungen und beiden Theilen
ganz verschiedene Gesichtspunkte, die jetzt unvermittelt neben
einander stehen. Die Sache ist einfach die: Göthe hatte die
Scenen aus Faust in der Ausgabe von 1791 zu früh ver=
öffentlicht, er wollte später das schon Gedruckte nicht mehr
umändern, und so konnte es nicht anders kommen, als daß
derartige Widersprüche sich ergaben, die er jedoch allerdings
einer Vermittlung besser hätte näher bringen können, wenn

er bei der zweiten Bearbeitung strenger zu Werk gegangen
wäre. Vischer's Tadel des Mangels an folgerechter Entwicklung, an Uebereinstimmung mit der früheren Bearbeitung
ist somit hier durchaus berechtigt.

Trefflich dagegen ist **der Vertrag** selbst, namentlich den
ältern Faustdichtungen gegenüber, gefaßt. Faust hat sich
allerdings zu dem schuldhaften Unternehmen verleiten lassen,
der Hülfe des Teufels sich zu bedienen, um ein befriedigen-
deres Leben und Wirken als bisher zu gewinnen; aber nachdem es mit diesem Gedanken ernst geworden ist, erwacht in
ihm auch, theils in Folge der noch nachwirkenden pessimistischen
Stimmung theils auf Grund seines ganzen Charakters und
seines bisherigen unermüdlichen Strebens, das Bewußtsein,
daß der Teufel ihn mit keinen weltlichen Genüssen einschläfern
kann, daß der Teufelsbund ihm nur zur vollen Entfaltung
seiner Kraft und Thätigkeit dienen, der Teufel somit innerlich,
ethisch nie sein Herr sein wird. Er erklärt dieß dem Mephistopheles geradezu, er fühlt sich so sicher, daß er sich erbietet,
Alles verlieren, Mephistopheles eigen sein zu wollen, sobald
er irgend einmal durch Genußliebe oder Selbstzufriedenheit
sich von unverdrossenem Vorwärtsstreben abbringen lassen
würde, er erbietet sich in diesem Falle des Teufels zu sein,
obwol er einsieht und ausspricht, daß in Wahrheit ein augen-
blickliches Versprechen dieser Art über ewiges Wol und Wehe
des Geistes niemals entscheiden kann. Mephistopheles andrerseits läßt sich durch dieses Selbstvertrauen Faust's nicht be-
irren; er glaubt seines Partner's so sicher zu sein, als dieser
selbst es ist; er hofft, da er an nichts Gutes glaubt, Faust
werde schon in genußsüchtige Erschlaffung versinken und somit
für immer ihm zu eigen werden. Faust benützt diese Hoffnung des Mephistopheles, um ihn zum Diener zu bekommen,

innerlich sich dessen gewiß, daß er nie des Mephistopheles Diener werden wird; Mephistopheles versteht sich zum Dienen, im Vertrauen Faust's Verführer und so Faust's Herr zu werden. Kurz der Vertrag ist zu einer Wette, zu einem Kampf beider Kontrahenten umgestaltet und dadurch erst Faust's würdig, dadurch erst poetisch, und doch ist es eine Wette, die den Mephistopheles durch die Hoffnung Faust zu fangen zeitlebens an ihn bindet, so daß mit der Wette dasselbe erreicht ist, wie mit dem so rohen und krassen und daher nothwendig umzugestaltenden Teufelspakt der alten Faustbücher.

Durch den Vertrag war auch für den weitern Fortgang des Gedichts, insbesondere für die **Tragödie mit Margarethe** ein andrer Weg als der frühere vorgezeichnet. Es handelte sich jetzt nicht mehr um jenen Gedanken der bittern Schmerzen, welche das Geschick in alle Lebensfreuden mischt, des Giftes, das die Ungunst des Weltlaufs in alles Glück des Sterblichen mengt; es handelte sich vielmehr jetzt darum, die Schilderung eines Charakters durchzuführen; der aus Ueberdruß an dem ihm nichts bietenden trockenen wissenschaftlichen Leben sich in die Welt und damit auch in alle Gefahren eines genußsüchtigen Weltlebens stürzt, aber von den Wogen des Stromes sich nicht verschlingen läßt, sondern sich oben erhält und endlich ans Ufer sich rettet. In diesen neuen dramatischen Rahmen war nun der Gretchen betreffende Theil einzufügen; er erhielt jetzt die Stellung eines t r a g i s c h e n Wendepunkts von Faust's Wollen und Streben, die Stellung des Punktes, wo Faust die Verderblichkeit und Verkehrtheit seines eigenmächtigen Strebens nach Aneignung und Genuß des Schönen in der Welt inne wird durch den von ihm selbst verschuldeten entsetzlichen Ausgang eines Verhältnisses, das schön war, aber schon deswegen nicht glücklich

enden kann, weil Faust von Anfang an sich von demselben
nicht fesseln lassen, sondern früher oder später zu neuen Re=
gionen des Handelns und Genießens in der Welt forteilen
wird. Die tragische Idylle der ersten Bearbeitung verwandelte
sich in der zweiten in eine idyllische Tragödie. Die Umwand=
lung war nicht schwer; die tragischen Seiten des Ganzen
brauchten nur verstärkt, nur bestimmter als früher hervorge=
hoben, nur vollständig ausgeführt zu werden, wie dieß theils
durch die neu eingeführten Scenen mit Valentin theils durch
die Schlußscene geschehen ist. Diese Scenen steigern den
Eindruck der Schuldhaftigkeit Faust's so sehr, sie stellen die
Gefährlichkeit seiner Bahn, das Mißliche, das es hat, dem
Teufel die Hand zu reichen d. h. um jeden Preis Alles sich
aneignen, vor nichts zurückschrecken zu wollen, in ein so grelles
und furchtbares Licht, daß die Tendenz der frühern Bearbei=
tung, Faust als für eine Weile durch Gretchen wirklich be=
glückt darzustellen, ganz in den Hintergrund tritt. Das ganze
Stück ist nicht mehr ein lieblicher Ruhe=, sondern ein tra=
gischer Durchgangspunkt, der zeigt, daß es für Faust nicht so
leicht ist, wie er glaubte, sich oben zu erhalten, daß er viel=
mehr andere Wege als bis jetzt einschlagen muß, um das
Schöne der Welt sich zu eigen zu machen, ohne selbst darin
unterzugehen.

Es ist uns vom ersten Theil noch übrig die **Walpur-**
gisnacht. Sie wird von Vischer ganz besonders stark an=
gegriffen. Er bemerkt: sie ist eingeschoben an der Stelle,
wo Faust in ein Gedränge glänzender Zerstreuungen eingeführt
werden sollte, in welchem er Gretchen vergißt, um nachher,
da er ihr Schicksal erfährt, desto furchtbarer zu erwachen.
Das Puppenspiel bringt ihn an den Hof von Parma; von
da nach Mainz geflüchtet will er heirathen, der Teufel schreckt

ihn von diesem Vorhaben zurück und führt ihm als Ersatz die Helena zu. Hätte Göthe mit der ursprünglichen Frische und mit der nöthigen Energie des Willens seinen Faust fortgesetzt, so hätte er gewiß diese bedeutenden Winke seiner Stoffquelle benützt, seinen Helden auf realem Boden belassen und vielleicht das Motiv von der Helena mit dem Aufenthalt an einem üppigen Hofe so kombinirt, daß sie, nicht als Allegorie des Klassicismus, sondern als lebendiger Inbegriff aller verfüh= rerischen schwungvollen plastischen Reize südlicher Weiblichkeit erschien. Die Untreue gegen Gretchen wäre durch wirkliche Begebenheit motivirt, der dramatische Gang und Schauplatz naturgemäß. Statt dessen werden wir nun plötzlich dem Bo= den des natürlich und menschlich Möglichen entrissen, in eine phantastische Spuckwelt geworfen, mit dunkeln Anspielungen überschüttet, mit Xenien unterhalten, die ihren Ort überall besser als in dieser ernsten tiefen Tragödie gefunden hätten. Die meiste Poesie liegt in dem Schauspiele des allgemeinen fieberhaften Naturzustandes und des tollen wirren Hexenfluges; ein solches Bild mochte, da ein phantastischer Zauberschein allerdings einmal zur Färbung dieser Tragödie gehört, in schattenspielartiger Kürze immerhin an uns vorübergehen, wenn nur im Uebrigen durch reale menschliche Handlung uns gezeigt wurde, wie Faust, nachdem er etwa auf der Reise den Blocks= berg bestiegen, unter den betäubenden Zerstreuungen der vor= nehmen Welt unterzugehen droht und Gretchen vergißt.

Allein: soll denn Faust, ja kann er Gretchen hier schon vergessen? Um das handelt es sich hier noch nicht, und kann es sich nicht handeln. Die Sache ist weit einfacher und ganz anderer Art.

Zwischen die Scenen bis zu dem Tode Valentin's und dem Trauergottesdienst und die Gefängnißscene gehört zunächst schon chronologisch Einiges hinein, und zwar so viel, daß Zeit sei für Geburt und Ertränkung des Kindes, für Umher= irren Verhaftung und Aburtheilung der Unglücklichen. Von diesen nothwendigen Zwischenmomenten, die blos ausfüllender Natur sein sollen, wird nun nur Eines gegeben und näher ausgeführt, die Walpurgisnacht, und zwar mit Recht. Die Lage ist die: Faust muß aus Gretchen's Stadt fliehen, weil er Valentin getödtet, er sieht sich gedrungen Gretchen zunächst ihrem Schicksal zu überlassen, von dessen schrecklichem Aus= gange, wie er hernach wirklich erfolgt, er nichts ahnt. Dem Mephistopheles andrerseits ist wie überhaupt Alles so auch die Angelegenheit mit Gretchen längst entleidet, er will Faust zu Neuem führen, „zerstreuen", er reist daher mit ihm weiter, und zwar zunächst an den Harz zum Hexenfest, weil er, der sonst Faust als maitre de plaisir dienen muß, nun auch einmal etwas für sich haben und genießen will und zudem hoffen kann, uninteressant werde auch für Faust diese Reise nicht sein, da dieser von jeher mit dem Zauber= und Geister= wesen so eifrig sich beschäftigt hat. Zu etwas wirklich Neuem bringt er aber Faust sofort nicht und will es auch nicht so= gleich, weil Faust doch immer noch zu Gretchen zurückstrebt, sie zwar nothgedrungen verlassen, aber nicht vergessen hat; auch aus diesem Grund bot sich ein Besuch der Walpurgis= nacht, ein kurzer Abstecher zu dieser schnell vorübergehenden Festlichkeit als das Passendste für diese Stelle des Gedichtes dar. Sie machen die Hexennacht mit; Mephistopheles veran= laßt Faust dabei allerdings zu einer augenblicklichen untreuen, freilich unter den vorliegenden Umständen sehr nahe liegenden Zerstreuung durch die schöne junge Hexe, die er ihm zum Tanze zuführt, aber diese Untreue rächt sich sogleich durch den Ekel, der Faust nach kurzem Scherz von seiner Tänzerin wieder trennt, und durch das Schreckbild einer Enthaupteten, das ihm die Hinrichtung der verlassenen Geliebten voraus andeutet und jedenfalls seine Gedanken entschieden zu ihr zurückwendet. Nachdem das Fest vorüber, streichen sie noch weiter umher, indem Mephistopheles Faust hinhält und dieser selbst ebenso schuldbewußt als unentschlossen vor der traurigen Lage der Geliebten zu entfliehen sucht, sich, dieselbe nicht zu gestehen, nicht näher zu bringen wagt. Endlich erfährt er Alles durch Zufall, und nun kehrt er zurück, weil die jetzt gewisse, nicht mehr zu bezweifelnde Noth Gretchen's seine ganze Liebe zu ihr wiedererweckt. An Ostern waren die Beiden von Wittenberg ausgeflogen; über Leipzig und die Hexen-küche kamen sie zur Sommerszeit in Gretchen's Stadt, in derselben Jahrszeit ist Faust im Gebirg (in „Wald und Höhle"); da es winterlich wird, bleiben sie bis zum Frühjahr wieder in der besagten Stadt, die in Süddeutschland ist. (wie das zur Harzreise Faust's gehörige Paralipomenon zeigt: „Wie man nach Norden weiter kommt, da nehmen Ruß und Hexen zu"); Ende April wird Valentin getödtet, am ersten Mai, auf welchen die Walpurgisnacht bekanntlich fällt, sind sie auf dem Brocken; Ende Mai etwa sind sie in Gretchen's Stadt (Frankfurt) zurück und machen den vergeblichen Be-freiungsversuch; am Anfang des zweiten Theils ist dem ent-sprechend Faust im Alpengebirg, wohin er von heftigster Gewissenspein getrieben sich geflüchtet, offenbar auch in Früh-lings- oder Sommerzeit. In diese Chronologie der Weltfahrt des ersten Theils fällt die durch Valentin's Mord dramatisch bedingte Reise als ausfüllendes Moment, zeitlich wie sachlich passend, ganz gut hinein; sie ist kein bedeutendes Glied der ganzen Geschichte Faust's, aber sie will es auch nicht sein, und sie kann daher dem Dichter nicht zum Vorwurf gereichen.

Eine ernstliche, dauernde Untreue gegen die Geliebte, ein sittenloses Vergnügungsleben mit einer Hetäre Helena konnten der Faustbuch= und Puppenspieldichter ihrem, aber nicht Göthe seinem Faust beilegen, theils überhaupt theils insbesondere an dieser Stelle nicht. Für glänzende, obwol nicht üppige Zerstreuungen war, soweit auch nach Göthe's Plan solche vorkommen sollten, ein späterer Theil der Geschichte Faust's, der zweite Theil, bestimmt. Versank Faust in südliche Ueppigkeit, so vergaß er Gretchen ganz und dachte dann auch nicht mehr an ihre Rettung. Aber der Göthische Faust, der nicht wie der des Faustbuchs der Hölle verfallen, sondern gerettet werden soll, darf die Freundin nicht vergessen, er muß sie retten wollen; Faust muß „ein guter Mensch" bleiben, er muß seinen Fehler gegen Gretchen wenigstens dadurch gut machen, daß er ihr treu verbleibt. Auch hat er sie zu stark und wahr geliebt, als daß er sie so schnell über einer Schönern vollständig vergessen kann; das Band zwischen Beiden ist zu innig, um trotz aller Verdunklungen nicht ewig zu sein, Gretchen selbst endlich eine zu edle, eines bessern Looses zu werthe Natur, um gegen eine Andere so tief und schnell in Schatten gestellt zu werden. Mit Recht hat daher Göthe seinen Faust in keine neuen Liebeshändel mehr verstrickt, die Begegnung mit Helena nur als poetische Allegorie für Faust's Begeisterung durch die Alles überstrahlende klassische Schönheit benützt, und am Schluß des Ganzen Gretchen mit dem „früh Geliebten, nicht mehr Getrübten" wieder zusammengeführt.

Sehr richtig ist Weiße's Bemerkung: „Nach dem all= gemeinern metaphysischen Anlauf, den das Werk an seinem Anfange genommen, würde der Liebeshandel mit Gretchen als ein zu partikuläres Ereigniß erschienen sein; man würde eine großartigere und umfassendere Schilderung der geistigen Region,

in die Fauſt durch ſein magiſches Treiben und durch ſein
Bündniß mit Mephiſtopheles eingetreten iſt, vermißt haben,
wenn der Dichter nicht durch dieſe Scene den einfachen Gang
des häuslich bürgerlichen Trauerſpiels unterbrochen hätte."
Sowol die Walpurgisnacht ſelbſt als die Stellung gerade an
dieſem Punkt der Entwicklung iſt durch dieſe Bemerkungen
nicht blos, wie im vorhin Geſagten, dramatiſch, ſondern auch
allgemein äſthetiſch entſchieden gerechtfertigt. Und dazu kommt
noch, daß Fauſt eben jetzt ganz paſſend in das ſinnlich wirre
und doch troſtlos öde Getreibe des Herenſabbaths verſetzt
wird; in dieſer Welt tritt dem gefallenen Fauſt das Gegen=
bild ſeines eigenen Innern, wie es jetzt iſt, ſinnlich
und doch verſtört, lüſtern und doch freudelos, vor ſich ſelbſt
Ekel und Grauen empfindend, mit ſchlagender Wahrheit ent=
gegen; das Ganze iſt zwar nicht gerade, wie „der Spazier=
gänger durch Göthe's Fauſt" in den Epigonen (III. 100)
bemerkt, eine Allegorie, aber ein treffendes Gegenbild von
Fauſt's Gemüthszuſtand, das eben hier, wo die Handlung
nicht vorwärts ſchreiten kann, ſondern nothwendig eine Zeit
lang ſtockt, ganz an ſeinem Orte iſt.

Die ſpeciellere Geſtaltung der Walpurgisnacht
iſt von dem Dichter nach dem Geſichtspunkt entworfen, daß
Mephiſtopheles theils zu eigenem Vergnügen einen Abſtecher
in eine ihm heimathliche Region und Geſellſchaft machen,
theils Fauſt eine romantiſche Zerſtreuung bieten will durch
Anſchauung der Geiſter= und Herenwelt beim Blocksbergsfeſt.
Von dieſem Geſichtspunkt aus wurde die Behandlung natürlich
und mit Recht wenigſtens vorherrſchend heiterer Natur;
auch durfte der Ernſt der nachfolgenden Schlußkataſtrophe
nicht vorweggenommen oder beeinträchtigt werden. Alle Ein=
wendungen philoſophirender Ausleger gegen den zu leichten

Ton des Ganzen, gegen die nicht erschöpfend und tief genug
gerathene Behandlung des Bösen (als ob es sich um das
Böse in abstracto und nicht vielmehr um den Hexensabbath,
um Lösung philosophischer Probleme und nicht vielmehr um
romantisch und humoristisch phantastische Schilderungen han=
belte) fallen somit einfach weg. In der Hexenküche ist aller=
dings mehr poetische Erfindungskraft als in der Walpurgis=
nacht; allein dieser sind eben durch jene die besten Motive
schon weggenommen, besonders das Behagen des Mephisto=
pheles in seiner Teufelswelt, die Komik des civilisirten Sa=
tans u. s. w. Auch ist überhaupt, wie schon bei Shakspear
zu sehen ist, der Kreis des Hexenthums eng begrenzt; man
darf somit von dem Dichter in diesem Stück nicht zu viel
verlangen. Daß er desungeachtet auch hier Schönes geleistet,
ist von Bischer selbst anerkannt. Der vorherrschend heitere
Ton der Behandlung ist es endlich auch, was Göthe Anlaß
gab zur Einfügung so vieler komisch satyrischer Ele=
mente. Wer wollte leugnen, daß dieser Anspielungen, Alle=
gorien, Xenien u. s. w. zu viel geboten ist? daß namentlich
die litterarischen Anspielungen und Figuren matt und platt
sind? daß ferner der Proktophantasmist ganz an den unrechten
Ort, nämlich nicht zu den Geistern im Walpurgisnachts=
Traum, sondern zu den Hexen und sonstigen Festbesuchern
gestellt ist, während er doch Geister bekämpft? Aber wer
wollte auch verkennen, daß Ironie und Satyre in ein von
Anfang bis zu Ende so kritisches Gedicht wie Faust auch hier
wol hineinpaßt? wer will sie vom Blocksberg verbannen, wo
der Abschaum der Kreatur sich versammelt, wo alles Diabo=
lische sich bei einander findet? wer wird bestreiten, daß we=
nigstens die politischen Figuren und Anspielungen so übel
gar nicht sind und auch der Philosophen= und Theologenkrieg

der Idee des Gesammtwerks nicht fremd ist? wer wird es
mit einem Intermezzo so streng nehmen und ihm nicht erlauben, ein Quodlibet von Diesem und Jenem zu geben? In
einem so weitschichtig angelegten Werk wie Faust hat Vieles
Raum, Großes und Kleines, Ernst und Scherz, Tragik und
Humor; wo der Teufel Platz genommen, darf es auch an
Hohn und Spott nicht fehlen; und wo es schon durch den
Prolog gewiß ist, daß Alles gut ausgehen wird, kann auch
schon im Stücke selbst der heitere Ton hin und wieder angeschlagen werden. Denkt man sich die zu unverständlichen und
zu platten und unwichtigen Anspielungen, die „Stimme in
der Felsenspalte" (die deutsche Wissenschaft), den Autor, der
über das naseweise junge Volk sich ärgert, die Stolberge, den
Hennings, den Musageten und Einiges der Art hinweg, so
bleibt ein gar nicht unpoetischer Kreis komischer Figuren aus
verschiedenen, besonders politischen Lebenskreisen übrig, den
man immerhin mit Behagen an sich vorübergehen lassen kann.
Die große Teufelsversammlung auf der obersten Bergspitze
wollte Göthe einmal auch ausführen — die Skizzen dazu
sind bei Dünzer und Hartung zu finden —; er legte sie
aber wieder bei Seite, und mit Recht; eine erschöpfende Behandlung wäre zu weitläufig geworden und hätte, wie man
sich aus jenen Skizzen sogleich überzeugt, zu viel Häßliches
Rohes Gemeinsatanisches in sich aufnehmen müssen. Faust
will hinauf und meint, da müsse sich manches Räthsel lösen;
aber Mephistopheles entgegnet ihm mit Grund: „doch manches
Räthsel knüpft sich auch"; dort oben knüpfen sich eben auch
wieder Teufelsbündnisse, und was das ist, das weiß Faust
bereits.

Die Gefängnißscene bedarf einer Besprechung nicht;
sie hinterläßt blos ein Bedauern, daß der Dichter nicht auch

sonst das Hochtragische zu seinem Gegenstand gewählt, sondern sich selbst eingeredet hat, „der unvermittelte Kontrast" sei etwas, das seiner Natur widerstrebe. Wenn Jemand, so war Göthe auch zum Tragiker geboren.

———

III. Der zweite Theil.

Ueber wenige Dinge in der Welt sind die Ansichten der Gelehrten so uneins, wie über den zweiten Theil des Faustgedichts. Eine namhafte Zahl besonders norddeutscher Kritiker huldigt ihm als einem Werk der seltensten Gedankentiefe und Gedankenfülle, während Vischer nicht Worte genug findet, um seinen Unmuth, ja seine Trauer über dieses altersschwache, gemachte, fabricirte, geschusterte Produkt des Dichters auszuschütten, über dieses Mosaik von Allegorien und unzusammenhängenden Scenen und Akten, voll schiefer verkehrter Gedanken. Die Entscheidung ist hier wirklich nicht ganz einfach; jedenfalls aber thut es auch hier noth, die verschiedenen Fragen, um die es sich handelt, von einander zu sondern und das Urtheil über das Ganze nur aus der Betrachtung des Einzelnen hervorgehen zu lassen.

Die Wahrheit liegt nicht immer und nicht überall in der Mitte; dießmal aber dürfte es sich doch ungefähr so verhalten. Sehen wir näher zu.

Woran der Leser sich zunächst in diesem zweiten Faustdrama stößt, ist das sprachliche Element, das durch die meisten und größten Theile desselben sich hindurchzieht. Ein schleppender Gang der Rede, unbehülflich lange und schwierig verwickelte Sätze, eine Masse verunglückter Wortbildungen und Wortfügungen, unnöthig dunkler Bilder,

gesuchter Wendungen, gezierter Superlative Participien und
Komposita, bieß Alles wirkt auf Manchen abschreckend genug,
um ihm das Werk gleich von vorn herein zu verleiden. Dazu
kommt die Gewohnheit, den Faust als ein Lesdrama zu be=
trachten, die ganz falsche Meinung, es sei auf ein Bücherdrama
abgesehen, das sich lesen lassen müsse wie ein Roman. Kommt
man mit dieser Meinung an das Werk, so bricht sich der gute
Wille es zu lesen freilich z. B. gleich vorne an einem —
Operntext, dem Elfengesang, gegen den als Gesangstext nichts
einzuwenden ist, der sich aber fürs bloße Lesen gerade so un=
gut ausnimmt, wie so mancher andere Text zu musikalischen
Kompositionen. Da kommt dann weiter der Maskenzug; auch
diesen meint man müsse man lesen, während er wie Alles
dieser Art nothwendig gesehen und gehört werden muß, und
arbeitet sich mit qualvoller Mühe durch die theils gesungenen
theils gesprochenen Strophen der Gärtnerinnen des Oliven=
zweigs des Aehrenkranzes des Phantasiekranzes und Phantasie=
straußes der Ausfoberung der Pulcinelle des Knaben Lenker
des Plutus u. s. w. durch, bis man endlich unter saurem
Schweiß bei Gott Pan angekommen ist und sich freut, daß
all das Teufelszeug doch noch schneller als man erwartete in
Flammen und Rauch aufgeht. Gut obwol nicht ohne einzelne
erschwerende Hindernisse liest sich weiterhin die Scene im
Lustgarten, das Prachtstück Helena und Paris, das Gespräch
zwischen Mephistopheles und dem zum Baccalaureus vorge=
rückten Schüler; dann aber folgen allerdings Scenen in Fülle
und Masse, die weder gelesen noch aufgeführt (oder als auf=
geführt vorgestellt) genießbar werden zu wollen scheinen, Ho=
munkulus, klassische Walpurgisnacht; Helena. Hell und heiter
wird's wieder im vierten Akt, diesem Musterstück eines tragi=
komischen historischen Drama's; lesbar ist weiter auch der

fünfte Akt bis zu Faust's Tod; dann aber kommen wieder die
Gesänge und Reden der Engel der Anachoreten der seligen
Knaben der Büßerinnen der Mater gloriosa, fast Alles so
kurz gedrängt, so mystisch bilderreich, so räthselhaft prägnant,
so voll von verschränkten (nämlich latinisirenden, den Kirchen=
hymnen nachgebildeten) Wortstellungen, daß der Leser gerade
gegen den Schluß, wo es ihn zum Ende drängt, unwillig
nicht von der Stelle kommt und wol gar verdrießlich darüber,
daß er nun doch nicht Alles fertig bringen soll, das Buch
bei Seite legt ohne es ganz gelesen zu haben —, während
genau betrachtet die Sache hier gerade wie zu Anfang des
ersten Akts so schlimm nicht ist, so bald man sich erinnert,
daß Faust mit einem melodramatischen Oratorium endigt.
Die deßungeachtet sehr zahlreichen sprachlichen Uebelstände wird
selbst der wärmste Verehrer des zweiten Theils zugeben. Wenn
er uns nun aber entgegenhalten wollte: Sehet und höret das
Werk, statt es wie einen Roman zu lesen, oder denkt es euch
wenigstens als aufgeführt, wendet ein wenig Mühe auf, um
euch Alles klar zu machen, gewöhnet euch durch öfteres Lesen
an jene Härten und Schwächen, bis sie euch so wenig mehr
stören, wie Staub und Rost an griechischen Statuen, wie
Zopf und Perücke, Frack und Beinkleid an Bildsäulen unsrer
großen Männer und Denker oder auch an euch selbst, wie
Bravourarien bei Händel und so unzählig Viel dergleichen:
so könnten wir ihm auch wieder nicht Unrecht geben, da das
Sprachliche doch nur das äußere Gewand ist, und da es
andrerseits an einer großen Zahl wirklich schöner und sinn=
voller, großartig pathetischer, anmuthig und frisch belebter
Stellen und Abschnitte auch im zweiten Theil keineswegs fehlt.
Und wenn er uns schließlich sagte: Was kann Göthe dafür,
daß er erst in einem Alter an den zweiten Theil kam, wo

der leichte Flug und Schwung der Sprache ihm versagte? es ist nun einmal so, können wir aber nicht auch das Stammeln des Greises ehren in einem Werke, an dem doch der Gedanken= gehalt die Hauptsache ist? so könnten wir wiederum nichts dagegen haben. Kommt es nur dahin, daß von Düntzer eine Ausgabe des zweiten Theils mit den nothwendigsten sprach= lichen sowie sachlichen Erläuterungen in kürzester Fassung er= scheint und sich verbreitet, so wird das Werk wenigstens nach dieser seiner äußern Seite nicht mehr so ungeheuerlich sich ausnehmen, als man lange glaubte. Zudem stelle man sich ja nicht vor, daß weil die Sprache des Gedichts keine überall jugendlich leichte mehr ist, darum der Ton, die Haltung und Stimmung des Ganzen trocken und steif, leb= und bewe= gungslos sei; im Gegentheil, die zu weit ausgesponnenen Hauptpartien der Helena ausgenommen, ist das Ganze mit der ächt künstlerischen Freiheit und Frohheit des Geistes, mit einer Heiterkeit und Frische der Lebens= und Weltanschauung ausgeführt, wie sie sonst keines der Alterswerke des Dichters zeigt. Aber der Faust war für ihn einmal dasjenige Werk, in welchem er sich ganz und voll aussprach, in welches er offen niederlegte, was ihn als Mensch bewegte freute ärgerte, zur Bewunderung oder Verachtung herausforderte; das kam auch dem zweiten Theil zu Gute, er ist so lebensvoll in Liebe und Haß, in Begeisterung und Jronie wie der erste und wie der Dichter selbst es immer und gerade auch im höhern Alter gewesen ist.

Doch fragen wir vor Allem nach **Inhalt und Plan des Ganzen;** an diesem muß es sich zunächst bewähren, ob dasselbe zu verdammen oder zu rechtfertigen oder gar zu loben sein wird. Was ist also der Gang, den nun Faust's Ge= schichte nimmt?

Die Absicht Faust's bei seinem Bunde mit Mephistopheles war die: mit Hülfe dieses so brauchbaren Gesellen die Theorie mit dem Leben zu vertauschen, frei in Natur und Welt sich zu bewegen, alles Schöne Große Bedeutende Erhebende, was sie dem Menschen bieten kann, kennen zu lernen, es sich zu eigen zu machen, daran genießend und handelnd sich zu betheiligen. Die Natur und die „kleine Welt" hat er nun bereits durchmessen und genossen, und zwar die letztere in Folge seines leidenschaftlichen Ungestüm's mit traurigem Mißlingen; um so eher begibt er sich nun in die „große Welt", um zu sehen, ob da für ihn etwas zu finden und zu thun, etwas Befriedigendes Hohes Dauerndes zu erstreben sei; wo reiche Mittel, große Verhältnisse, bedeutende Menschen sind, da scheint es lasse sich etwas erwarten erringen und gewinnen. Faust zieht daher an den kaiserlichen Hof, wie der Dichter selbst nach verschiedenen Kreuz= und Querzügen an den weimarischen; sicher durch seinen Schildknappen Mephistopheles so unterstützt zu werden, daß es ihm nicht fehlen kann, in diese Sphären Eingang zu erhalten und in ihnen Gelegenheit zu finden zu neuen Anschauungen und Erfahrungen, sowie insbesondere zu weitgreifender praktischer Thätigkeit, zu welcher er bisher noch nicht gelangt ist, zu der er aber gerade jetzt um so mehr sich hingetrieben fühlt, je mehr er neustens die Verkehrtheit seines stürmischen Strebens nach Genuß eingesehen hat, je trauriger er mit dieser Art von Streben gescheitert ist. Allein nun tritt auch hier abermals eine Verwicklung ein, die ihn auf andere Wege führt, als er glaubte und hoffte. Faust trifft nämlich in der gebildeten großen Welt dieselben Zustände an, wie diejenigen, in welchen auch er befangen war und aus welchen er herauszustreben gedachte; wie Faust die bisherige Bildung ungenügend fand und ihr

daher den Abschied gab, so ist es bei Kaiser und Reich gerade
auch, nur im Großen, Praktischpolitischen, wie bei ihm im
Kleinen, Theoretischen; auch hier wankt und schwankt das
Alte, das Gebäude des Staats ist morsch, es hält (was schon
im ersten Theil, in Auerbach's Keller, kurz berührt wird)
kaum mehr zusammen, das Regieren ist den Leuten entleidet
und zur Last geworden, weil doch nichts mehr dabei heraus=
kommt, und sie suchen daher die undankbaren Staatsgeschäfte
in Zerstreuungen und Vergnügungen zu vergessen, wie Faust
das Geschäft des Forschens und Erkennens; überall in der
politischen wie in der Gelehrtenrepublik nichts als Auflösung
Zersetzung und Verfall, Unzufriedenheit und Mißstimmung,
die in lustigem Leben einen Ausweg sucht. Etwas Befrie=
digendes und Erhebendes findet somit Faust hier nicht, er
trifft schlechte hohle Verhältnisse, und er trifft bei den Men=
schen ein leeres Treiben, dem bei aller Aehnlichkeit mit seinem
eigenen bisherigen Genußleben doch das Streben abgeht, etwas
Hohes „Dauerhaftes Festgegründetes", etwas Herz und Geist
wirklich Ausfüllendes zu erringen; er findet Seinesgleichen,
aber ohne seinen Geist, ohne seine Idealität, ohne seine Gluth
für das Große Edle und Vollkommene. Es ist somit gleich
von Anfang an vorauszusehen, daß auch hier seines Bleibens
nicht sein, daß er auch von hier zu neuen Sphären geistiger
Thätigkeit fortgetrieben werden wird. Zunächst allerdings
wird nichts gethan, als daß Faust und Mephistopheles eine
Weile mit dem Leben am Hofe mitthun, um Faust eine Stel=
lung zu verschaffen, und daß hiebei auf Antrieb des Teufels
dem ganzen Hof und Reich ein Streich gespielt wird, der
Alles noch schlimmer machen wird; es werden nämlich den
Leuten, von Faust in gutem Glauben, daß er ein für das
Ganze förderliches Werk thue, von Mephistopheles mit höhnischer

Schadenfreude, trügliche Schätze, Assignaten in die Hände gegeben, welche die Mittel zu tagdiebischem Leben für den Augenblick noch vermehren, hintendrein aber vollends Alles zer-
rütten werden. Aber — Eines am Hofe nimmt Faust's
Theilnahme doch tiefer in Anspruch, Ein Element ist doch da,
auf welches er mit großem Eifer eingeht, nämlich das Interesse für das Schöne, das er hier vorfindet. Ein Privilegium
der hohen Welt ist die Pflege des Schönen, die äußere Be-
fähigung und innere Neigung zur Verschönerung des Lebens
durch künstlerische Unternehmungen, Aufzüge, Feste, Darstellungen, an welchen es daher auch am Kaiserhofe nicht fehlt.
Das Gebiet der Schönheit ist für Faust einerseits etwas Bekanntes, er kennt es wenigstens nach seiner gelehrten Seite,
er kannte und tadelte einst recht gut vielfache Verirrungen
auch auf diesem Felde, z. B. die Hohlheit gedankenleerer Rhe-
torik; es ist aber andrerseits auch etwas durchaus Neues für
ihn, er kennt das Schöne noch nicht aus Anschauung, er ist
erst seit kurzer Zeit und zwar noch in trüber sinnlich befan-
gener Weise für das Anschauen des Schönen in objektiver
Wirklichkeit empfänglich geworden — am wüstesten Ort der
Welt, in der Hexenküche; diese Empfänglichkeit trieb ihn zu
Gretchen hin, aber das Schönheitsinteresse löste sich hier, wie
die sinnliche Begehrlichkeit, auf in das tiefere Gemüthsinteresse
an dem reinen liebevollen Wesen, das Gretchen's Gemüth
ihm entgegenbrachte, und so ist daher Faust's Schönheitsinteresse noch nicht zu völliger Befriedigung gekommen, es ist
eine Saite seines Innern, welche angeschlagen, aber noch nicht
wieder beruhigt ist; das Wissen, die Natur, die Liebe hat er
durchgekostet, übrig sind ihm nur noch zwei Dinge, die Schönheit und die praktische Thätigkeit, und von diesen zwei Dingen
liegt ihm, obwol er bereits zur praktischen Thätigkeit übergehen

zu sollen glaubte, als er zu Hofe gekommen war, doch in'
Wahrheit die Schönheit am nächsten, da sein Schönheitsinter=
esse nun einmal noch lebendig rege ist und somit dem nüch=
ternen praktischen Element nicht so schnell weichen kann.
Somit ist es ganz natürlich, ganz wolbegründet, daß am
Kaiserhof das Schöne Faust's Aufmerksamkeit auf sich zieht,
und daß nun hieran die weitere Entwicklung sich zunächst
anknüpft. Faust hat sich, wie sich von selbst versteht, da er
den Mephistopheles zur Hand hat, als Kunst= und Wunder=
mann, als eine Art Magier introducirt, der im Besitz höherer
Erkenntnisse und Kräfte ist; als solcher „macht er den Kaiser
reich" durch die Assignaten, und nun verlangt man von ihm,
daß er den Kaiser auch „amüsire", und zwar mit Vorstellun=
gen aus dem Reich des Schönen, da für's Nützliche schon
gesorgt ist; der Kaiser ist ein Mann der schönen Künste, da
mit Land und Reich nichts zu machen ist, er ist gebildet, er
ist zudem durch seinen Krönungszug nach Italien mit dem
klassischen Alterthum bekannt geworden, und er begehrt daher
von Faust, daß er seine Zauberkunst dazu ins Werk setze,
ihm die vielgepriesene Schönheit der schönsten Individuen der
alten und aller Sage, die Schönheit der Helena und des
Paris, unmittelbar vor Augen zu bringen. Mephistopheles
hilft Faust dazu; Dieser hatte das Ganze blos als ein Spiel
betrachtet, mit welchem er dem Kaiser gern einen Gefallen
thun und sich selbst für weitere Wirksamkeit am Hofe Bahn
brechen wollte, allein der Erfolg ist ein ganz anderer, als er
selbst meint. Es gelingt nämlich Faust durch den Beistand
seines Gehülfen die Geistergestalten der Helena und des Paris
in vollkommener idealer Schönheit, wie sie nur aus den Hän=
den der schöpferischen Schönheitsidee selbst kommen kann, her=
vorzuzaubern, und das ist nun für Faust zu viel, zu herrlich,

zu groß; das ganze Ungestüm seines Feuergeistes wendet sich
in vollen Flammen dem Besitz dieser Schönheit zu; die heroische
großartig strahlende Schönheit, die ihm in Helena entgegen=
tritt, ist etwas Ungeahntes, Unfaßliches, Ueberwältigendes,
Verwirrendes für ihn, sie bringt ihn außer sich, sie fesselt
ihn so, daß er alles Andere vergißt, das Feuer des Schön=
heitsenthusiasmus bemächtigt sich Faust's und entführt ihn
ganz der Welt der praktischen Wirklichkeit. Die nähere Dar=
stellung ist hier die: Als Zauberer, der Alles bewältigen zu
können glaubt, will Faust natürlich sich nichts versagen und
verwehren lassen, er meint die von ihm selbst aus des Ideales
Reich hervorgeholte Gestalt ebendarum auch im Reich der
Wirklichkeit festhalten, sie zum Stillstehen zwingen zu können;
natürlich geht das nicht, sie entschwindet wieder, aber Faust
ist nicht der Mann der nachgibt, er zwingt den Mephistopheles
mit ihm den Boden der klassischen Schönheit zu betreten, wo=
hin ein zweiter so eben erst ins Dasein tretender und glück=
licherweise aufgefundener Geist (Homunkulus) die Wege zeigt,
er ruht nicht, bis ihm hier die entschwundene Helena abermals
erscheint; er verweilt mit ihr — denn die Behandlung wird
nun eben hier für eine Zeit lang konsequent phantastisch —
auf klassischem Boden, im arkadischen Elysium idealer Schön=
heit der Natur und Menschheit. Allein dieses Schönheitsglück
dauert doch nur kurze Zeit. Helena gehört einmal nicht mehr
dem Leben an, und es ist auch eines so thatkräftigen und
allseitigen Mannes wie Faust Bestimmung nicht, auf immer
vom Schönheitsgenusse, der doch etwas Passives ist, beherrscht
zu werden und für immer von dem bei aller Schönheit doch
zu äußerlichen, die wahre Gemüthstiefe nicht kennenden, spä=
tern Geschlechtern nicht mehr vollgenügenden Wesen des klas=
sischen Alterthums sich fesseln zu lassen. Das schöne Idol

verschwindet wieder, und Fauſt wird der wirklichen Welt zu=
rückgegeben, er kehrt heim und gibt den idealen Geſtalten des
klaſſiſchen Landes den Abſchied. Mit dieſem Abſchied, vom
Schönen der Vergangenheit iſt nun aber überhaupt für Fauſt
die Zeit des Genuſſes, des Schwärmens in Idealen, der
Begeiſterung für das Schöne, das die Phantaſie entzückt, vor=
bei. Er hat das Schöne in ſeiner reinſten Vollkommenheit
erblickt und iſt daher nun mit dieſem Gebiete fertig, er hat
da nichts mehr zu holen; er hat zudem hinlänglich erfahren,
daß das Schöne ſich nicht ſo wie man gerne möchte feſthalten
läßt, daß es herrlich iſt, es zu ſehen, aber auch genug iſt, es
geſehen zu haben, und es iſt daher jetzt endlich die Zeit für
ihn gekommen, Befriedigung anderswo, nicht im Genießen,
ſondern im eigenen Schaffen und Wirken, in der praktiſchen
Thätigkeit zu ſuchen. Doch Eines hat er auch für dieſes
Gebiet aus der Anſchauung der reinen und großartigen Schön=
heit des klaſſiſchen Alterthums mitgebracht; ſein Sinn für
das Hohe Edle Gediegene, ſein Widerwille gegen das Gemeine
Hohle Eitle Nichtige hat ſich noch geſchärft und geſteigert, und
er ſucht ſich daher ein Thätigkeitsgebiet aus, wo er in „kühn“
großartiger Weiſe und wo er frei und unbehelligt von dem
Elend und Flitterglanz einer in ſich hohlen Weltkultur, wie
er ſie bereits kennen lernte, wirkſam ſein, wo er etwas wirk=
lich Erfolgreiches, der Mühe Werthes, etwas wahrhaft Nütz=
liches und Fruchtbares ſchaffen kann. Er kehrt der großen
Welt den Rücken und wendet ſich abermals der Natur zu,
aber in praktiſcher Abſicht; er ſucht ſich, unterſtützt durch die
Wirren der Anarchie im Reiche, ein Stück Erde, ein unbe=
wohntes und bis jetzt unbewohnbares Land aus, er unter=
nimmt es, daſſelbe den Elementen die es verheeren abzuringen,
es mit Hülfe der ihm dienenden Geiſter wohnlich für ein

neues freies und thätiges Menschengeschlecht zu machen, und
er widmet sich fortan ganz dieser Thätigkeit, welche ihm selbst
stets neue Beschäftigung und Befriedigung, immer reichere
Mittel zu immer größerem Wirken, Freude eigenen schönen
Besitzes in freier Natur gewährt, wie sie andrerseits der
Menschheit nützlich, zur Erweiterung des Gebiets der Gesit-
tung und Kultur geeignet ist. Frei von den Erbärmlichkeiten
der Welt mit aller Kraft für einen großen begeisternden Zweck
zu wirken, stets belohnt durch das Gelingen und doch nie
stillestehend, sondern immer weiter und weiter strebend: das
ist es, worin Faust endlich eine ihm angemessene Lebenssphäre
findet, daran hat er etwas, das sein gewaltiges Streben auf
einen festen Punkt richtet und es damit auch beruhigt und
ermäßigt, Etwas, das seinen Geist ausfüllt, seine Kraft beschäftigt, ihm das versöhnende Gefühl fruchtbarer Verwendung
derselben gibt, aber auch Etwas, das ihn stets in Spannung
erhält, ihn zu immer umfassendern Planen spornt, ihn nie
ruhen und rasten läßt und ihn somit hoch emporhält über
aller sinnlichen Erschlaffung und aller eiteln Selbstzufriedenheit. Und damit ist es dann schließlich (dem Vertrag gemäß)
auch gegeben, daß er, obwol seine rastlose Ungeduld und sein
Bund mit dem Argen am späten Abend seines Lebens noch
Unheil und Unrecht anrichtet, doch nicht untergehen, nicht mit
nichts endigen, nicht der Nichtigkeit d. h. der Macht des Bösen unterliegen kann, sondern die Gerechtigkeit und Liebe von
obenher dazwischentritt, um Mephistopheles beschämt zurückzu-
weisen und den Unermüdlichen wo möglich zu neuen Sphären
reiner Thätigkeit, die er einst in gewaltthätigem Unterfangen
selbst erobern wollte, emporzuheben.

Mag man über Vieles im zweiten Theil, über seine
Sprache, über seine Allegorien und Phantasmagorien denken

wie man will, der ganze Plan ist großartig, wahr, folgerichtig, harmonisch angelegt. Faust erlangt wirklich, was er wollte, Betheiligung an Allem, was der ganzen Menschheit zugetheilt ist, er greift das Höchste und Tiefste, er stürzt sich ins Rauschen der Zeit, ins Rollen der Begebenheit, er bringt in undurchdrungne Zauberhüllen, er häuft Wol und Weh der Menschheit auf seinen Busen, er erweitert sein Selbst zu ihrem Selbst, aber er zerscheitert nicht, sondern scheidet beruhigt, nachdem er das Seine gethan, für das Ganze fruchtbar gewirkt und gestrebt hat. Er wird Alles was er noch werden kann, Mann des Staates, der Kunst, des Schönheitsgenusses, Feldherr, Retter des Kaisers gegen untreue Vasallen, Reichsfürst, Kolonisator, wie Halbgötter und Helden des Alterthums. Er bleibt in Allem der Alte, der Kraft- und Feuergeist, der ebendarum immer wieder in Gluth der Leidenschaft, in ungeduldige Hast und Unbesonnenheit sich stürzt; aber er schreitet auch vorwärts, da er sich innerlich doch mehr und mehr abklärt und läutert, sich immer mehr beschwichtigt und zusammennimmt; er gesteht am Schlusse, da sein Bund mit Mephistopheles ihn wider seinen eigenen Willen noch einmal in Gewaltthat verstrickt hat, selbst ein, daß er ein falsches Mittel gewählt, daß er mit Unrecht einst die Welt verflucht und sein Heil „im Düstern gesucht hat", er erkennt es als das Bessere, lieber in menschliche Beschränkung sich zu fügen und innerhalb der menschlichen Schranken zu leisten, was sich leisten läßt. Faust's Streben dehnt sich in diesem zweiten Theil vollends zu der ganzen ungemessenen Weite und Breite aus, die zu umfassen er sich vermaß, aber es ermäßigt und läutert sich auch in dieser Ausbreitung, wie eine Sturmesgewalt, die, in engem Raume eingeschlossen, hervorbrach, mit wüthendem Zerstören einherbrauste, aber nachdem sie freies Feld gewann zu ungehemmter Ausdehnung nach allen Seiten, ebendamit auch von Moment zu Moment ruhiger friedlicher stiller wird, bis sie endlich als sanft erfrischender Zephyr über die Fluren weht und in unmerklichem Säuseln in die Ferne sich verliert. Was ein Kunstwerk von dieser Anlage und Dimension, wie Faust sie hat, haben soll, erschöpfende Vollständigkeit der Durchführung, harmonisches Austönen und Abschließen, das fehlt dem zweiten Theile nicht.

Eine andere Frage ist freilich, ob die Harmonie der Ausführung auch nach der Seite erreicht sei, daß jedem der verschiedenen Momente, zu denen die Entwicklung des Drama's sich gliedert, auch das rechte Maaß des Umfangs und des Gewichts zugetheilt, keinem zu viel und keinem zu wenig angewiesen sei. In diesem Punkt kann das Urtheil nicht so günstig ausfallen. Das Schönheitsgebiet, die Anschauung des klassischen Alterthums, der Verkehr mit seinen Gestalten gehört gewiß nothwendig hinein in die Faustdichtung, es würde etwas Wesentliches, Schlagendes in ihr fehlen, wenn Faust nicht auch zum freien Anschauen der höchsten Weltschönheit gelangte; nur hieburch tritt er ganz und absolut aus der einstigen mittelalterlich mönchischdüstern Abgezogenheit vom Leben heraus, nur hieburch wird er die Entfremdung vom Leben völlig los, aus welcher er herauskommen soll. Aber dieses Gebiet des Schönen ist doch zu umfangreich behandelt, es nimmt ungefähr gerade die Hälfte des Ganzen ein, während dagegen ein anderes, doch noch gewichtigeres, das politisch praktische Gebiet im ersten Akt etwas leicht und ziemlich gehaltlos, im vierten fast nur ironisch und humoristisch, im ersten Theil des fünften in einer Beschränkung auf eine kolonisatorische Thätigkeit behandelt ist, die wol eine Grundlage des politischen Lebens, aber noch nicht dieses selbst ist. Und doch scheint es, als müsse Faust ernstlich und in großem Styl auf der politischen Bühne auftreten, wenn sein Streben alle bedeutenden Gebiete des Menschenlebens umfassen, wenn es seiner und seiner hohen Kräfte und reichen Mittel würdig sein soll. Der Haupttadel, den Vischer gegen den zweiten Theil erhebt, ist eben dieses Fehlen oder Zurücktreten des politischen Elements. Göthe selbst schrieb im Jahr 1820, als er noch nicht an die Vollendung seines Faust dachte: „Es gibt noch manche herrliche reale und phantastische Irrthümer auf Erden, in welche der arme Mensch sich edler, würdiger, höher, als im ersten gemeinen Theile geschieht, verlieren dürfte; durch diese sollte sich unser Freund auch durchwürgen; in der Einsamkeit der Jugend hätte ich es aus Ahnung geleistet, am hellen Tage der Welt sähe es wie ein Pasquill aus." An was kann bei dem Wort Pasquill gedacht sein, als an eine ironische Behandlung staatlicher Zustände, ähnlich wie jetzt der erste und vierte Akt sie gibt, nur daß hier die Ironie zunächst auf eine entferntere Vergangenheit, nicht auf die Gegenwart geht und daher die Bezeichnung des Pasquills auf sie nicht zutrifft. Dachte Göthe an eine Behandlung politischer Gegenstände, die ihm als „Pasquill" ausgelegt werden würde, so mußte er nicht die Zeit Kaiser Karl's IV., sondern die Gegenwart oder doch die nächste Vergangenheit im Auge haben, wie z. B. im Anfang des vierten Akts das französische Hofleben des achtzehnten Jahrhunderts von Mephistopheles im Vorübergehen ironisch-satyrisch durchgezogen wird. Ein Paralipomenon zum zweiten Theil zeigt, daß Göthe später wirklich den Anlauf zu einer Einführung Faust's ins politische Leben nahm, bei welcher das „Pasquill" auf moderne Staatszustände zum Vorschein kam. Es scheint, Faust war eine Rolle zugedacht, wie Marquis Posa; er will einem jungen

Fürsten oder einer Republik zum Besten rathen und dadurch
ein Verdienst um die Menschheit sich erwerben. Mephistopheles
antwortet ihm:

Bestände nur die Weisheit mit der Jugend
Und Republiken ohne Tugend,
So wär' die Welt dem höchsten Ziele nah. —
Pfui! schäme dich, daß du nach Ruhm verlangst!
Ein Charlatan bedarf nur Ruhm zu haben.
Gebrauche besser deine Gaben,
Statt daß du eitel vor den Menschen prangst!
Nach kurzem Lärm legt Fama sich zur Ruh,
Vergessen wird der Held sowie der Lotterbube,
Der größte König schließt die Augen zu,
Und jeder Hund bepißt gleich seine Grube.
Semiramis [Katharina II.]! hielt sie nicht das Geschick
Der halben Welt in Kriegs- und Friedenswage,
Und war sie nicht so groß im letzten Augenblick,
Als wie am ersten ihrer Herrschertage?
Doch kaum erliegt sie ungefähr
Des Todes unversehenem Streiche,
So fliegen gleich von allen Enden her
Skarteken tausendfach und decken ihre Leiche.
Wer wol versteht, was so sich schickt und ziemt,
Versteht auch seiner Zeit ein Kränzchen abzujagen;
Doch bist du nur erst hundert Jahr berühmt,
So weiß kein Mensch mehr was von dir zu sagen. —
Geh hin! versuche nur dein Glück,
Und hast du dich recht durchgeheuchelt,
So komme matt und lahm zurück!
Der Mensch vernimmt nur, was ihm schmeichelt:
Sprich mit dem Frommen von der Tugend Lohn,
Sprich mit Jrion von der Wolke,
Mit Königen vom Ansehn der Person,
Von Freiheit und von Gleichheit mit dem Volke;

Fauſt erwiedert:

> Auch dießmal imponirt mir nicht
> Die tiefe Wuth, mit der du gern zerſtörteſt,
> Dein Tigerblick, dein mächtiges Geſicht.
> So höre denn, wenn du es niemals hörteſt:
> Die Menſchheit hat ein fein Gehör,
> Ein reines Wort erreget ſchöne Thaten;
> Der Menſch fühlt ſein Bedürfniß nur zu ſehr
> Und läßt ſich gern im Ernſte rathen.
> Mit dieſer Ausſicht trenn' ich mich von dir,
> Bin bald und triumphirend wieder hier.

Mephiſtopheles dagegen meint:

> So gehe denn mit deinen ſchönen Gaben!
> Mich freut's, wenn ſich ein Thor um andre Thoren quält.
> Denn Rath denkt Jeglicher genug zu haben;
> Geld fühlt er eher, wenn's ihm fehlt.

Warum ließ wol der Dichter den Entwurf liegen? Die Beantwortung hievon wird am einfachſten auf die Geſichts= punkte führen, die überhaupt bei der ganzen Frage, ob und wieweit das Politiſche in den zweiten Theil gehörte, entſchei= dend ſind.

Den Entwurf hat der Dichter ohne Zweifel deswegen liegen laſſen, weil Fauſt mit ſeinem Vorhaben eines guten Raths und mit ſeinen roſenfarbenen Erwartungen vom Erfolg deſſelben zu philanthropiſch, zu naiv, zu optimiſtiſch erſcheint. Ein ſo ſkeptiſcher, ſo kritiſcher Geiſt wie Fauſt hat dieſen fröhlichen Glauben eines Schwärmer's nicht; ein ſo unge= duldiger Stürmer und Dränger wie er muß augenblickliche Erfolge ſuchen, die in der Politik nur ſelten, nur unter ganz beſonderen Umſtänden zu erreichen ſind. Auch iſt Fauſt zu

kosmopolitisch, er ist gewissermaßen entnationalisirt durch seinen
Bund mit Mephistopheles; er kann wol für ein politisches
Ganzes etwas thun, aber nicht einem solchen sich wahrhaft
anschließen in Gesellschaft seines Begleiters; es geht schwer
im Verein mit dem Bösen für die Sache des Guten wirksam
zu sein, daher denn auch im Entwurf die Beiden sich trennen;
Posa kann nicht den Teufel nach Madrid bringen, Oranien
nicht mit Hülfe Belials die Niederlande befreien; eine andere
Art von politischer Thätigkeit, zu welcher das negativ zerstörerische
Wesen des dämonischen Gehülfen sich eher schickte, schickt sich
für Faust nicht mehr, der jetzt schon im Stabium der größern
Besonnenheit und Milde steht. Vischer schlug den Bauern=
krieg vor; an diesem soll Faust sich betheiligen, Unheil stiften,
dann in sich gehen und sein Innres erst tiefer bilden und
reinigen. Aber in ein historisch so klar vorliegendes Kriegs=
theater, wie das des Bauernkriegs, können zwei so mythische
Ritter, wie Faust und Mephistopheles, nicht eingeführt wer=
den. Wir sehen, Schwierigkeiten aller Art standen Faust's
politischer Thätigkeit entgegen.

Doch war nicht deßungeachtet Ein Anknüpfungspunkt für
dieselbe vorhanden in der Lage des deutschen Reichs,
wie der vierte Akt sie darstellt? Mit treffender Ironie schil=
dert dort der Dichter die Zertheilung Deutschlands, er schil=
dert, wie der Kaiser das Reich an die mächtigsten Fürsten
verschenkt, weil er es nicht mehr selbst zusammenzuhalten sich
getraut, obwol er soeben mit der Hülfe des Faust und Me=
phistopheles seinen Gegenkaiser besiegt hat. Konnte das nicht
weiter verfolgt, konnte nicht Faust abermals vom Kaiser oder
von dem Volke zu Hülfe gerufen werden oder selbst zu Hülfe
ziehen gegen auswärtige Feinde, welche die Zerstückung des
Reichs sich zu Nutze machen? konnten nicht Faust und

Mephistopheles gegen diese fremden Feinde kräftigere Mittel anwenden, als sie es im vierten Akte gegen Landsleute und Mitbürger thun, konnte nicht Mephistopheles, der am Anfang desselben die vulkanistische Explosionstheorie so warm vertheidigt, diese Theorie praktisch machen, die Erfindung Berthold Schwarz's sich aneignen, die Feinde aus Deutschland hinaus kanoniren und die Macht des Reiches herstellen, so daß Faust den Ruhm eines deutschen Patrioten, eines deutschen Befreiers und Einigers erwarb? konnte nicht hierauf Faust's Verdienst nach der Welt Lauf mit Undank belohnt und damit sein abermaliges Sichzurückziehen zum „Meeresstrand" eingeleitet werden? Nach der Anlage des Faustgedichts ersten und zweiten Theils war dieß der einzig mögliche Weg einer politischen Wirksamkeit Faust's; der Raum dazu wäre durch die ohnedieß wünschenswerthe Beschneidung der klassischen Walpurgisnacht und der Helena zu gewinnen gewesen. Aber man muß auch wieder zugeben: die deutsche Geschichte bietet bis jetzt einen entscheidenden Wendepunkt, wie er bei einer solchen Behandlung anzunehmen gewesen wäre, nicht dar, und daß er in so bestimmtem Sinne auf eine nur mögliche Zukunft präludire, kann dem Dichter, wenn er es aus patriotischem Sinne thut, zum Lobe angerechnet, aber es kann ihm nicht zugemuthet werden.

Begnügen wir uns daher mit dem Maaß des Politischen, das der Dichter geben wollte. Das Thema deutscher Zerrissenheit und Einigkeit, deutscher Schwäche und Kraft wird im vierten Akt beziehungsreich genug behandelt; wer ihn während des letzten Krieges las, fühlte das gewiß. Ja es ist überhaupt genug, daß das nationale Element in der Faustdichtung wenigstens auch mit auftritt, obschon Faust selbst nicht zum eigentlichen Staatsmann und Helden geworden ist.

Eine ursprünglich und wesentlich politische Natur ist Faust in
keinem Falle; unpsychologisch und undramatisch ist es folglich
nicht, daß Göthe ihn das politische Gebiet mehr streifen als
wirklich betreten läßt. An Bedeutung und Gewicht hätte das
Werk in letzterem Falle gewonnen; aber nothwendig zur Ein=
heit und Wahrheit des Gedichts war es nicht, daß Faust po=
sitiv mit dem Staatsleben sich befaßte. Es liegt vielmehr
jedenfalls etwas ächt Faustisches in der Abneigung gegen die
große Welt, die ihn treibt die Einsamkeit zu suchen und da
ganz nach eignem Ermessen ein neues Land, einen neuen
Staat erst zu schaffen. Diese Rousseau'sche Verstimmung
gegen die Civilisation ist ganz in Fausts Charakter, und sie
kann ihm auch wol bis ans Ende seines Lebens beigelegt
werden, da sein strenges Urtheil über Menschen und Dinge
sich stets gleich, Faust stets der absolute Kritiker bleibt, der
überall das Höchste verlangt und überall unzufrieden ist, wo
er es nicht findet.

IV. Der erste Akt des zweiten Theils.

Zu Göthe's ursprünglicher Faustdichtung gehörte bereits sehr früh der Plan, Faust wie mit Gretchen so (dem Faustbuch gemäß) auch mit Helena in Verbindung zu bringen. Faust soll alles Schöne der Erde pflücken, aber zu keinem dauernden Glücke kommen; darum gewinnt er auch Helena, die Vielbesungene und Wenigen zu Theil Gewordene, allerdings aber auch sie nur um sie wieder zu verlieren und dann fortan dem männlichen Geschäft der Arbeit (Akt V.) sich zu widmen.

Alles was den Raum zwischen Gretchen und Helenen ausfüllt diente der ursprünglichen Conception nach nur zur Ueberbrückung der Kluft zwischen diesen beiden Frauenidealen die Faust kennen lernen soll [12]). Offenbar trägt auch Alles was dazwischensteht, d. h. Akt I. und II. des zweiten Theils, zahlloser Einzelschönheiten ungeachtet und mit Ausnahme der schon hier die Helena selbst producirenden Scenen, den Charakter einer etwas leichten und losen Behandlung an sich, wie sie Lückenbüßern gern zu Theil wird. Der erste Akt ist zu leicht nach der Seite des Gehalts, der zweite nach der Seite der Komposition, da er fast nur ein phantastisches Intermezzo ist; gegen diesen Tadel wird der Dichter nicht zu vertheidigen sein.

88

Wir laſſen den **erſten Akt** an uns vorübergehen, um
die Punkte zu bezeichnen, wo dieſe zu leichte Art der Behandlung
hervortritt.

Der Akt beginnt mit einer Scene, welche darſtellt,
wie Fauſt, nachdem er lange Zeit durch Gewiſſensqualen
ruhelos umhergetrieben war, endlich Ruhe Kraft und Muth
des Lebens wieder findet. Er, der Freund der Natur, ge=
ſundet an ihrer-mütterlichen Bruſt, geſundet in der Einſam=
keit, in der Ferne von der Menſchenwelt, wo er ſo entſetzlichen
Jammer angerichtet und erlitten hat. Die Behandlung iſt
rein poetiſch, romantiſch; die Heilkraft der Natur wird ſym=
boliſirt durch die Elfen, die Fauſt in Schlaf ſingen, aus
welchem er geſtärkt wiedererwacht. Der Moment dieſes Wie=
dererwachens iſt hoch feierlich durch die Kombination mit dem
prachtvollen Aufgang der Sonne über Alpenhöhen, der ſchon
vorher während des Elfengeſangs altgermaniſcher Mythe zu=
folge durch ungeheures Getöſe, durch Poſaunen= und Trom=
petenſchall, angekündigt worden iſt, gleichfalls als Symbol,
daß endlich auch für Fauſt wieder ein neuer Tag anbrechen,
Troſt und Erquickung bei ihm einkehren, Freude am Daſein
ihm wiederkehren ſoll. Der ganze Hergang: das Entſchlum=
mern Fauſt's in der koloſſal herrlichen Gebirgsgegend, die
Abenddämmerung (während der erſten), die ſternhelle voll=
mondbeglänzte Nacht (während der zweiten), die Morgen=
dämmerung (während der dritten), die Himmelshelle unmittel=
bar vor Sonnenaufgang (während der vierten Strophe des
Elfengeſangs), das Erwachen, die Schilderung des Aufgangs,
der ſchmerzliche Rückblick auf das Flammenmeer der jüngſt
erlebten ungeheuren Schmerzen, der Entſchluß fortan dem
Uebermaaß der Leidenſchaft fern zu bleiben, ſich nicht wieder
zu überſtürzen, ſondern vielmehr darnach zu ſtreben, daß aus

dem Sturm und Drang des Lebens etwas ruhig Schönes,
etwas Dauerndes Erquickliches sich entwicke, wie der ruhig
das Auge erfreuende farbige Regenbogen, der dem stürzenden
und stürmenden Wasserfall entsprießt, dazu die herrliche land=
schaftliche Scenerie (bei welcher dem Dichter die Gegend des
Vierwaldstätterssee's vorschwebte [18]), die vor dem Sonnenauf=
gang in höchste Fülle und Pracht übergehende Lieblichkeit der
Musik, dieß Alles zusammen gibt ein so kunstvolles und
reiches, ein so ergreifendes und erhebendes Bild, wie selten
ein Dichter es entworfen hat. Die Gewissensqualen selbst,
deren ausdrückliche Schilderung Manche vermissen, konnte der
Dichter allerdings auch vorführen; aber er wird es unter=
lassen haben, weil eine solche Schilderung zu allgemein aus=
gefallen, und weil dem Gebeugten in der Person des Mephi=
stopheles doch nur ein sehr leidiger Tröster zur Seite gestanden
wäre; der schmerzvolle Rückblick („So ist es also, wenn ein
sehnend Hoffen dem höchsten Wunsch sich traulich zugerungen"
u. s. w.) genügt. Die Sprache konnte in dieser Scene ein=
facher und ungezwungener sein; viele Härten verschwinden
aber für die (musikalische) Aufführung.

Sommer und Herbst sind vorüber, Karneval ist heran=
gekommen; da finden wir Faust und Mephistopheles am kai=
serlichen Hofe; hier soll nun versucht werden, ob sich
etwas Bedeutendes unternehmen läßt. Der politische und
ökonomische Zerfall des Reichs macht es den beiden Abenteu=
rern leicht, sich einzuführen; was die Leute zunächst brauchen,
ist das Geld, und Geld, das heißt ein „Gespenst" von Geld,
falsches in der Hand wieder zerrinnendes Geld verstand der
Teufel von jeher wol zu schaffen. Er kreirt Anweisungen
auf Gold und Silber, das erst zu finden, auf vergrabene
Kostbarkeiten, die erst zu heben sind; Faust, von alter Zeit

her schwärmend für die Natur und ihre Schätze, sieht das Projekt nicht als bloßen Schwindel an, wie dieß seine Rede im Lustgarten zeigt („das Uebermaaß der Schätze, das erstarrt in deinen Landen tief im Boden harrt, liegt ungenutzt" u. s. w.), und gibt sich daher ohne Weiteres zur Ausführung her. Hier nun muß ich den Vorwurf zu leichter Behandlung er= heben. Was Mephistopheles von goldenen Töpfen Humpen Schüsseln Tellern, ja von edlen Weinen in unterirdischen Klüften und Gängen absichtlich faselt, steht seiner Narrenrolle wol an, so gut als seine astrologischen Großsprechereien; aber es soll ja nicht bloßes Gefasel sein, sondern Kaiser Beamte und Volk zu der Annahme des Projekts der Fundirung des Papiergeldes auf jene unterirdischen Herrlichkeiten bewegen. Und dazu nun ist das Gefasel doch zu arg, die Leute sind als gar zu dumm und leichtgläubig behandelt, es ist ihnen der krasseste mittelalterliche Aberglaube beigelegt, der nicht in Faust's bereits aufgeklärtere Zeit taugt und nicht zur Grund= lage eines so gewagten praktischen Unternehmens, wie die Assignaten, gemacht werden konnte. Jene Faseleien passen in ein Märchen, aber nicht in ein Drama; offenbar hat sich hier Göthe von den romantischen Neigungen der zwanziger Jahre zu weit führen lassen. Sonst aber ist Alles in diesen Scenen, der schalkhafte Humor, die persiflirende Jronie, die Schilderung der Reichszustände und Sitten, ebenso gut als ergötzlich, das „Pasquill" auf die Gegenwart, auf die Kunst Geld ohne Gold zu machen, sehr klar und damit dem Ganzen doch wieder eine umfassendere, über das blos Mittelalterliche weit hinausreichende Bedeutung gesichert.

Die erste Scene, die es mit dem Assignatenprojekt zu thun hat, ist der Staatsrath, in welchem der Plan nur erst im Allgemeinen vorgebracht und den leitenden Personen an=

nehmlich gemacht wird. Um nun aber den Kaiser bestimmter von Faust's und seines Genossen hoher Kunst zu überzeugen und ihn wie den ganzen Hof nach den verheißenen Schätzen recht lüstern zu machen, benützen sie den Mummenschanz. Sie arrangiren in Einverständniß mit den bereits gewonnenen Hofleuten, dem Astrologen und dergleichen, einen Maskenzug, dessen Mittel= und Glanzpunkt eine dem Kaiser zu gewährende phantastisch romantische Anschauung der unerschöpflichen Erden= schätze bilden, und in welchem überhaupt der Reichthum die Hauptrolle spielen soll. Diese Absicht hindert aber natürlich nicht, daß der Maskenzug auch hievon ganz abgesehen so mannigfaltig und beziehungsreich als möglich gestaltet wird; zudem ist der Kaiser erst kürzlich von Italien zurückgekommen, wo er mehr dergleichen gesehen, und es soll daher auch aus diesem Grunde dießmal ein Prachtfest werden, bei welchem alles mögliche Unterhaltende, Reizende, Anmuthige, Charak= teristische, Pikante vorkommen, bei welchem es aber im Kon= trast hiegegen auch an bedeutendern und ernstern Darstellungen und Anspielungen nicht fehlen soll. Mit Behagen ergriff hier Göthe die Gelegenheit, nun auch einmal poetisch ein Hoffest in Scene zu setzen von einer inhaltreichen Mannigfaltigkeit und großartigen Pracht, wie er es in Wirklichkeit nie hätte zu Stande bringen können.

Die vielen künstlichen Deutungen und irrthümlichen Er= klärungen, welche der Maskenzug veranlaßt hat, machen es nöthig, näher auf denselben einzugehen. Man darf auch in ihm weder zu viel noch zu wenig „Ideengehalt" suchen.

Die Anordnung ist folgende. Zu Anfang tritt, noch ohne Beziehung auf den speziellen Zweck (auf den dem Kaiser darzubringenden Reichthum), das Schöne und Inter= essante von leichterer und unbedeutenderer Art auf, als

Vorbereitung auf das Bedeutendere und Beziehungsreichere, das erst zuletzt kommt und kommen muß, weil man nach Diesem nichts mehr sehen will. Der Zug beginnt mit dem Heiterschönen, mit Gärtnerinnen und Gärtnern, die Blumen und Früchte feilbieten; an sie reiht sich der Flor der Jugend, Mädchen und Jünglinge, die als Fischer und Vogelfänger verkleidet Jagd auf die ersten machen. Als Kontrast zu diesen das Freudenfest am besten eröffnenden reizenden feinern Figuren treten hierauf auch derbere Elemente der Gesellschaft auf, die sich auch ihren guten Tag machen wollen, massive Holzhauer, bettelhafte Straßenjungen, gierige Esser und Trinker. Auf sie folgen bereits als Uebergang zu den bedeutungsvollern Darstellungen Dichter und Sänger nebst ihrem Widerpart dem Satyriker. Dieß Alles bildet nur das harmlos heitere Vorspiel des Ganzen. Nun aber tritt etwas Beziehungsvolleres, es tritt die Mythologie auf, bei welcher es hauptsächlich darauf abgesehen ist, auf die vorhandenen Bedürfnisse und Verhältnisse des Staates allegorisch anzuspielen. Als Einleitung dienen auch hier wieder anziehende und interessante mythologische Figuren, die lebenverschönernden Grazien, und im Kontrast zu ihnen die ernsten, obwol der Festfreude zu lieb alles Schreckhaften entkleideten Parcen und Furien mit freundlichen, aber gemessenen, zum Feste ganz passenden Mahnungen auch in Freude und Genuß Gesetz und Maaß nicht zu vergessen. Hierauf erscheint auf einem Elephanten, den die Klugheit leitet, die Viktoria, zu beiden Seiten Furcht und Hoffnung in Fesseln, die ganze Gruppe Sinnbild einer Sache, die eben jetzt sehr wichtig ist, nämlich des Glückes des Staats und der Bedingungen desselben, Sinnbild davon, daß nur „Klugheit" „das große Gemeinwesen" glücklich zum „Sieg" über alle Noth führen kann, nur Klugheit, unbeirrt einerseits durch schwache „Furcht" und Aengstlichkeit, andrerseits durch thörichte, immer Besseres und Bestes wollende und darüber in der Gegenwart zweckmäßig zu handeln versäumende „Hoffnung"; im Kontrast zu dieser die Größe und das Glück des Gemeinwesens darstellenden, dem Gemeinwesen Glück wünschenden Gruppe folgt sodann noch als Anhang Zoilothersites, der Begeiferer des Großen, dem nichts recht ist, der Vertreter des unzufrieden schmähsüchtigen Elements im Staat, der aber dafür sogleich gezüchtigt und in seiner giftigen Häßlichkeit entlarvt wird, da er nicht zum Freudenfest sich drängen soll, mit welchem ja für das Gemeinwesen eine neue Periode des Glückes und Glanzes beginnen wird. Endlich nun folgen, aber auch nicht zu gleicher Zeit, sondern erst nach einander, die Hauptpersonen: der Gott des Reichthums Plutus mit dem Golde, das der Kaiser erhalten, und der Kaiser, der es in Empfang nehmen soll. Zuerst erscheint auf einem von vier Drachen durch die Luft gezogenen Wagen Gott Plutus, von Faust vorgestellt; herangeführt wird er von dem Genius der Poesie, welche ja, da sie die ganze Maskenherrlichkeit erfunden und gemacht und so auch Gott Plutus „herangebracht" hat, auch vollen Anspruch darauf hat, hier mit aufzutreten und zwar eben als Führerin der Hauptperson d. h. des Plutus aufzutreten; zugleich deutet die Verbindung beider an, daß Gott Plutus heute nach seiner der Poesie verwandten d. h. nach seiner freundlichen idealen Seite, als freigebiger Verschönerer des Lebens, der wie die Poesie alles Schöne reich ausstreut, auftreten soll, wogegen des Kontrasts halber hinten auf dem Wagen von Mephistopheles vorgestellt der Geiz, das Materielle Gemeine und Widerwärtige, das sich an den Reichthum auch hängen kann, gleichfalls auftritt mit schmähenden Invektiven gegen ein zweites dem Reich-

thum gern folgendes und huldigendes Gemeines, gegen Luxus
und Sinnenluft. Plutus und sein Begleiter theilen nach allen
Seiten Gaben aus, die jedoch, da Alles Scherz und Neckerei
ist, ben Empfängern unter der Hand in nichts verschwinden;
dann folgt die Hauptsache: eine große Kiste voll wallenden
Goldes, welche Plutus mitgebracht (Ankündigung des Reich=
thums, ben Faust spenden wird), wird auf ben Boden nieder=
gesetzt. Nach einer von Mephistopheles mit ironisch cynischen
Späßen ausgefüllten Pause naht der Kaiser, bem biese
ganze Goldesherrlichkeit zu Füßen gelegt werden soll. Da er
ber Herr der Welt und der Welt nicht nur, sondern insbe=
sondere der Natur ist, sofern ihm ja beren verborgene
Schätze jetzt eben eigen werden sollen, kommt er als Pan,
b. h. doppelsinnig als Weltall (Weltherr) und Gott Pan
(Gott der Natur); als Gott Pan aber ist er auch Herr bes
ganzen Chors von Naturgeistern, mit welchen die Mythologie
biesen Gott und andere verwandte Götter umgibt, der Faunen,
Satyrn, wilden Männer, der Berg= und Waldnymphen, unter
beren Anführung und Begleitung er somit erscheint; baß bas
wilde Heer dieser Begleiter die rohen und übermüthigen Kräfte
und Leidenschaften darstellen solle, welche Revolutionen bewir=
ken, und baß die Revolution am Schlusse, versinnlicht durch
ben Brand der ausbricht, wirklich auch auftrete, wie Dünzer
und Andere meinen, bavon ist keine Rede; in der That eine
eigene Revolution, die ben Herrscher als ben Herrn der Welt
und aller Kräfte der Natur vergöttert; freilich „stürmen sie
an", aber nicht gegen bas öffentliche Wol, sondern als Vor=
boten und Trabanten des unwiderstehlich mächtigen Welt=
gebieters. Als ber Pan oder Kaiser nebst Geleite angekommen
ist, tritt eine Deputation der Gnomen, der Metallgeister, vor
ihn, zeigt und übergibt ihm bas in Plutus Kiste quellende

Gold, das sie so eben entdeckt haben; damit ist die Hauptabsicht des ganzen Mummenschanzes erfüllt, der Kaiser ist feierlich zum Herrn der unerschöpflichen Metallschätze erklärt, welche das Innere der Erde birgt. Das Ganze endigt dann, weil es doch nur Schein und Scherz ist, scheinbar schreckhaft damit, daß die aus der Goldquelle aufsprühenden Gluthen des Kaisers Bart und die andern umstehenden Masken und Vermummungen in Brand stecken, ja sogar das ganze Haus zu verzehren drohen, aber auf einen Wink des Plutus (Faust's, dem Mephistopheles dießmal die Gewalt über das „freundliche Element" übertragen hat) alsbald mit seinem Zauberstab beschwichtigt und durch Nebeldünste gelöscht werden, wieder nicht, wie Dünter's schwarzsichtige Auslegung des Mummenschanzes behauptet, die Revolution, die den Staat zu zerstören droht, sondern, wie es gleich nachher heißt, ein heiteres „Flammengaukelspiel", das erschreckt nur um zu necken und um auch durch das scheinbar Schreckhafte sowie durch die schnelle Beruhigung des Brandes die magische Kunst Faust's in ihrem vollen Glanze zu zeigen; höchstens nebenbei eine Andeutung, daß der Reichthum auch zu Schaden ausschlagen könne und überhaupt alle weltliche Herrlichkeit auch von der Gefahr des Untergangs bedroht sei. Wie die erste Scene des zweiten Theils, in welcher Faust in der schönen freien Natur zu neuem Leben und Lebensmuth erwacht, einen sehr bestimmten Kontrast bildet zu der ersten Scene des ersten Theils, wo der abgemattete kranke Gelehrte in dumpfer Kammer sich quält, so ist diese Scene ein Gegenstück von Auerbach's Keller, indem die Magie dort strafend und wirklich schreckend, hier aber erheiternd, goldne Berge verheißend und nur zum Scherz in Angst versetzend auftritt.

Nachträglich, in der Scene im Lustgarten, stellt

sich heraus, daß der Kaiser in der Festnacht, da er als Pan
vor der flammenden Goldesquelle stand und „im Feuerreich
als Herr der Schätze der Natur sich bespiegelte", die ihm von
den höchsten Beamten überreichte Urkunde vollzogen hat, durch
welche die Assignaten Gesetzeskraft erhalten. Das Projekt ist
somit gutgeheißen in dem Moment, wo die Zaubermacht der
beiden Abenteurer durch ihre Glanzeffekte Alles begeistert
und berauscht hat; an sich schon passend, aber im Mummen=
schanz selbst ist weder der Moment, in welchem der Kaiser
die Urkunde unterzeichnen soll, angegeben, noch ist es über=
haupt ganz klar, wie er sich zur Unterzeichnung herbeiläßt.
Auch hier hat sichs der Dichter etwas bequem gemacht. Treff=
lich dagegen sind in der Scene im Lustgarten die unverschämten,
aber mit Behagen aufgenommenen Schmeicheleien des Mephi=
stopheles, prächtig die humoristische Schilderung des Gebahrens
der verschiedenen Beamten Stände und Individuen, nachdem
das wolfeile Assignatengeld in ihre Hände gekommen ist.
Mephistopheles wird in diesem zweiten Theil immer liebens=
würdiger; es geht jetzt nicht mehr so tragisch und gewaltsam
zu, wie im ersten, und er kann daher mit Behagen seine
Schalksnatur entfalten.

Fassen wir das Ergebniß über die ganze Pa=
piergeldsepisode zusammen, so ist es einerseits gewiß,
daß sie eine gute Einleitung bildet für Faust's Wirksamkeit
am Hof, und daß sie gut angeknüpft ist an die schlimme Lage
des Reichs, welche hinwiederum passend den Anknüpfungspunkt
für Faust's spätere Unternehmungen und Erfolge bildet. Un=
bestreitbar ist ferner, daß in einem Gedicht, das so lebhaft
von Anfang an gegen alles Nichtige Aeußerliche Scheinbare
auftritt, eine ironisirende Behandlung auch dieses Elements,
auch dieses buchstäblichen Scheines ohne Substanz und Wahrheit

immerhin am Platze, und daß Göthe durch die Ursachen und Anläſſe der franzöſiſchen Revolution auch von außen her ſtark genug auf daſſelbe hingewieſen war. Aber andrerſeits iſt zu viel mittelalterliche Lokalfarbe, zu viel aſtrologiſch phantaſtiſcher Quark darin, das Ganze iſt zu unwirklichkeitsgemäß, zu unwahrſcheinlich und zu gehaltleer, Fauſt namentlich verhält ſich zu paſſiv, er macht dem Scheinweſen zu große Zugeſtändniſſe, er erſcheint daher hier zu unbedeutend, zu ſehr unter ſeiner Würde; zum Mindeſten ſollte ihm irgendwo einmal eine Rede in den Mund gelegt ſein, in welcher er ausſpricht, daß ſeiner Abſicht nach die Aſſignatenemiſſion nicht den Luxus, ſondern die Anregung zu der bis jetzt im Reiche noch fehlenden Ausbeutung der Bodenſchätze und damit zu fruchtbarer Thätigkeit überhaupt zum Zwecke habe. Eine üble Folge dieſer zu leichten und bedeutungsloſen Behandlung iſt ſodann auch, daß dieſer ganze Anfang des zweiten Theils in Ton und Inhalt zu ſcharf abſticht gegen den düſtern und ſchweren Ernſt des Schluſſes des erſten; der Umſchwung aus dem Tragiſchen zu einem verſöhnenden glücklichen Gange der Dinge, welchen die ſpätere Fauſtbearbeitung einführte, geſchieht zu ſchnell, er fällt gleich ins Komiſche, ins andere Extrem, es fehlt die Stetigkeit eines vermittelnden Ueberganges.

Der Schluß des erſten Akts wird ausgefüllt von dem Schauſpiel der **Erſcheinung von Helena und Paris** nebſt der komiſchen Zwiſchenſcene, in welcher Mephiſtopheles als Wunderdoktor auftritt. Was im erſten Theil die Hexenküche, iſt im zweiten dieſes Schauſpiel. Der Beweis, daß der zweite Theil altersſchwach ſei, wäre hier erſt zu führen; ich weiß nichts in dieſer Gattung von Poeſie, was dieſem Stück an die Seite geſetzt werden könnte. Fauſt ſoll einmal das Gebiet der reinen Schönheit ſchauen; wie konnte dieß

paſſender eingeleitet werden, als durch ein ſolches Hoffchau-
ſpiel? Wie ſich Kaiſer Maximilian I. durch Abt Trittenheim
ſeine verſtorbene Gemahlin Maria von Burgund erſcheinen
ließ, wie Hans Sachs in einer eignen Hiſtoria wahrheits-
gemäß ein Schauſpiel beſchreibt, in welchem ein Nigromant
demſelben Kaiſer zu Innsbruck Hektor Helena und jene Maria
zeigte, ſo ſoll hier Fauſt Daſſelbe thun, und damit erſchließt
ſich ihm die Sphäre des ſchönen Ideals, die ihm bisher ſo
fremd geweſen war, wie ſie es den modernen Nationen überhaupt war, ehe das klaſſiſche Alterthum aus dem Untergang
wiedererſtand. Alles iſt hier durchaus wol angelegt, pſycho-
logiſchwahr. und am gehörigen Ort grandios durchgeführt;
nur muß man ſich nicht durch das ſcheinbar Fremdartige der
„Mütter" und ihres geheimnißvollen Geſtaltenreiches ver-
blüffen oder gar gegen den Dichter verſtimmen laſſen, als
habe er da undichteriſche Allegorien und Philoſopheme auf die
Bahn gebracht. Die Sache iſt ſo unendlich einfach, wenn
man ſie nur natürlich, mit Rückſicht auf den Geſammtzu-
ſammenhang und mit einigem Zutrauen zum Dichter anſieht.

Fauſt ſoll, das ſteht dem Dichter feſt und darf ihm
gewiß auch wol zugegeben werden, die reine Schönheit
und zwar die der klaſſiſchen Vorzeit kennen lernen; denn nicht um das Schöne an ſich, ſondern um ein
wirkliches Schönes, um Anſchauung des Schönen in ſichtbarer
Realität iſt es Fauſt, der aus der Sphäre des abſtrakten
Begriffs heraus iſt und will, zu thun; Ort eines wirklich
exiſtirenden rein Schönen iſt aber für uns eben nur das
klaſſiſche Alterthum. Daß Fauſt dieſes kennen lerne, iſt
außerdem auch dadurch nahgelegt und vorbereitet, daß es zugleich das Gebiet heroiſcher Hoheit und Kraft iſt, die in ihm
untrennbar mit der ſchönen Anmuth zuſammen iſt; die Vor-

welt „hoher, kraft= und thatenvoller Ahnen" ist aber von
jeher eine Region gewesen, zu der sich Faust aus unbefrie=
digender Gegenwart, aus erfolglosem Abmühen in beengender
Existenz zurückgesehnt hat!

Nun fragt es sich weiter: wie sollte der Dichter Faust
die reine Schönheit und Hoheit des klassischen Alterthums
erblicken und genießen lassen? Sollte er ihn eine Kunst= und
antiquarische Reise machen lassen, auf welcher er die Samm=
lungen des Vatikan, der Villa Ludovisi, des bourbonischen
Museums, des Theseustempels sich besieht, wie ein gebildeter
deutscher Kunstfreund und Kunsthistoriker? Schwerlich. Da=
mit müssen wir allenfalls uns begnügen, aber auch Faust?
Keineswegs. Faust will Leben, Wirklichkeit, nicht bloße Mo=
numente und Erinnerungen, und er kann es wollen, da er
den allmächtigen Mephistopheles zur Hand hat, der ihm
Manches verschaffen kann, was sonst nicht Jedem zu Theil
wird. Die wirkliche Helena, selbst wenn diese Wirk=
lichkeit nur trügender Schein sein sollte, nicht die Helena von
Erz und Stein, nicht die Aphrodite von Melos u. s. w., muß
Faust zu schauen bekommen. Aber auch das ist bei Faust
noch nicht genug. Was vermissen und bedauern wir Uebrigen
bei allem Natur= und Kunstschönen, was Andres als dieß,
daß es doch nie ganz rein und vollkommen ist, daß
die Kraft der Natur das Schöne festzuhalten ihrer Intention
es hervorzubringen nicht gleich, daß die Energie der künst=
lerischen Ausführung der Idealität der Conception nicht durch=
aus zu folgen im Stande ist? Wozu hat denn nun aber
Faust seinen Mephistopheles? warum soll Faust, der unerbitt=
liche Feind alles Halben und Unvollkommenen, der überall
nur das Ganze Vollendete Rechte will, warum soll er jetzt,
wo es sich um das Schöne handelt, nicht durch die außer=

ordentliche Macht seines Begleiters eben die Reinheit und
Vollkommenheit des Schönen zu schauen bekommen, die wir
andern Sterblichen niemals erblicken, weil wir keine so mäch=
tigen Freunde haben wie Mephistopheles? warum soll dieser
ihm nicht dazu helfen, das Schöne nun auch einmal in
reiner ursprünglicher Idealität, aus erster Hand
zu sehen, statt wie wir immer nur aus zweiter? Gewiß,
wollte der Dichter Faust's Schauen des klassisch Schönen in
seiner ganzen Reinheit dichterisch und wollte er es gemäß dem
Charakter und Wesen der beiden Hauptpersonen behandeln, so
lag ihm nichts näher als der Versuch, Faust durch Hülfe
seines Begleiters eine Erscheinung der klassischen Schönheit in
reiner Idealität, aus erster Hand zu Theil werden zu lassen.

Um dieß ins Werk zu setzen, bot sich dem Dichter ein
dichterisches Philosophem der dichterischsten aller Phi=
losophien, der platonischen, dar. Wie im achtzehnten Jahr=
hundert Schiller von des Ideales Reiche sang, wo frei von
jeder Zeitgewalt, die Gespielin seliger Naturen wandelt in des
Lichtes Fluren göttlich unter Göttern die Gestalt, so hatte
einst Plato [14]) von einem überhimmlischen Ort gedichtet, den
er auch das Feld der Wahrheit nennt, wo die idealen Wesen=
heiten, die ewigen Urbilder aller sinnlich weltlichen vergäng=
lichen Existenzen wohnen und den Seelen der Götter und
Menschen, die nach oben sich zu schwingen vermögen, sichtbar
werden. Der spätere Platonismus bildete diese Lehre mit
einer Bestimmtheit aus, welche ihr Urheber ihr noch nicht
gegeben hatte, welche aber bei diesen Spätern mit anderwei=
tigen Lehren von der Gestaltung des Weltalls zusammenhieng
und deutlich darauf hinausgieng, das Reich der Urbilder der
Dinge als den Mittelpunkt des Weltalls hinzustellen, als den
Mittelpunkt, von welchem aus die Urbilder nach allen Seiten

des Universums hin in die Materie eingehen und hineinwirken, um sie zu gestalten und durch dieses Gestalten die wirklichen Dinge hervorzubringen. Eine weitere Veränderung der pla= tonischen Lehre bei den Spätern bestand sodann darin, daß dieselben sich immer mehr zu der Annahme hinneigten, der= gleichen schöpferische Urbilder gebe es nicht bloß, wie Plato lehrte, für die Gattungen der Dinge (ein Urbild der Mensch= heit, der Schönheit, der Güte u. s. w.), sondern auch für jedes Einzelding, jedem Einzelding der Wirklichkeit gehe ein Urbild desselben voran, das von Ewigkeit her seinen Ort in jenem Reich der Urbilder, in dem „Feld der Wahrheit" habe [15]). Eine Stelle, in welcher sich diese spätere Lehre, verbunden mit pythagoreischen Ansichten über das Weltall und seine Theile und Bewegungen, vorgetragen findet, in der Schrift Plu= tarch's über den Verfall der Orakel (Kap. 22), war Göthe sicher bekannt. Sie lautet: „Es gibt hundertdreiundachtzig Welten. Diese sind nach der Figur des Dreiecks gestellt. Jede Seite des Dreiecks enthält sechszig Welten, die drei übrigen aber stehen in den drei Ecken desselben. In solcher Ordnung berühren sie einander sanft, und gehen immer wie in einem Tanze herum. Die Fläche innerhalb des Dreiecks (in der Mitte zwischen den drei Weltenreihen) ist als ein für alle Welten gemeinschaftlicher Heerd (Nahrungsschooß) anzu= sehen und heißt das Feld der Wahrheit. In demselben liegen die Gründe, Gestalten und Urbilder aller der Dinge, die je existirt haben und noch existiren werden, unbeweglich." Der= selbe Schriftsteller bot noch eine andere Stelle dar, welche von sonst selten genannten mysteriösen Gottheiten, den Müt= tern, redet. Im Leben des Marcellus heißt es Kap. 20 von einer uralten Stadt in Sicilien, „sie sei berühmt wegen der Erscheinung der Göttinnen, welche die Mütter heißen."

Auch der Geschichtschreiber Diodor aus Sicilien erwähnt sie
(IV. 80.), und sagt von ihnen, ihr Dienst sei von Kreta nach
Sicilien verpflanzt worden durch kretische Ansiedler, weil sie
bei den Kretern ganz besonders hochgehalten werden; auch in
andere Gegenden habe sich ihre Verehrung und der Glaube
verbreitet, daß Glück der Einzelnen und der Staaten durch
ihre Verehrung sicherlich erworben werde; ihre Hochhaltung
komme daher, daß sie vor Alters den Zeus vor seinem Vater
Kronos verborgen und auferzogen haben; sie sind somit, dür=
fen wir sicher schließen, geheime, aber wolthätige, erhaltende,
bewahrende Gottheiten, Gottheiten der Fruchtbarkeit
und des Lebens, unter deren Schutz das Gedeihen der Natur
und Menschheit steht. — Die beiden plutarchischen Stellen
nun, vielleicht auch die zur nähern Erklärung der zweiten
dienende Stelle Diodor's faßte der Dichter mit einem glück=
lichen Griff zusammen, oder ließ sich vielmehr von ihnen zu
seiner Dichtung von dem Gestaltenreich, wo die Mütter thronen,
anregen, obwol er seiner Sinnesart gemäß das Ganze etwas
weniger idealistisch als Plato gethan nehmen mußte. Faust
soll Helena und Paris in reiner urbildlicher Schönheit, in
einer Schönheit aus erster Hand zu sehen bekommen;
darum werden sie herbeiberufen aus dem tiefsten Mittelpunkt
des Universums, dem Gestaltenreich, dem „grenzenlosen, wo
des Lebens Bilder regsam ohne Leben sind, wo was einmal
war, in allem Glanz und Schein sich regt, weil es
ewig sein will", von wo sie wiederum eintreten können „in
des Lebens holden Lauf", und wo daher auch „der kühne
Magier sie aufzusuchen" wagen darf. Erzeugt werden (dieß
ist vorauszusetzen) alle Wesen von den schaffenden Kräften
des Universums (von der Gottheit); diese schaffenden Kräfte
geben nun aber ihren Kreaturen nur ein kurzes, bald ver=

gehendes Dasein in der sichtbaren Welt; allein untergehen
kann mit dem Scheiden aus der Tageswelt dasjenige nicht,
was einmal Form, Gestalt gewonnen hat; nur der Körper
eignet jenen Mächten, die das dunkle Schicksal flechten, die
Gestalt, die Form ist ewig, und zwar die reine Form; nur
die reine Form verdient ewig zu sein, aber sie ist es eben
darum auch [16]); das sinnlich wandelbare Sein geht dahin
und wird nicht aufbewahrt, aber in der höchsten Vollkommen=
heit, die es überhaupt erreichen konnte, dauert jedes Wesen
fort; das Ideal, das Urbild jedes Wesens, das wird aufbe=
wahrt, das bleibt ewig in dem vollen „Glanz und Schein",
den es auf der Höhe seines Daseins entweder wirklich hatte
oder den zu erreichen es wenigstens den Keim in sich trug,
und so kann es denn auch (wie in der Seelenwanderungs=
theorie die Seelen) ins sichtbare Leben möglicherweise zurück=
kehren und kehrt auch — dieß ist wenigstens hier die Vor=
stellung — in dasselbe wirklich zurück (denn, sagt Faust, „ihr
vertheilt es, allgewaltige Mächte, zum Zelt des Tages", in
die Tageswelt, „zum Gewölb der Nächte", in die Welten, die
wir nur bei Nacht erblicken, kurz in alle Theile des Kosmos).
Diese Vorstellung von dem unermeßlichen, die reinen Formen
aller Wesen aufbewahrenden Gestaltenreich wird sodann, wie
sich's gebührt, poetisch belebt und für die Anschauung ver=
vollständigt durch die Vorstellung von den Müttern. Die
Mütter sind die Gottheiten des Gestaltenreichs, welches Alles
aufbewahrt; sie sind nicht die schaffenden, aber sie sind die
erhaltenden, mütterlich aufnehmenden und bewahrenden Göt=
tinnen, in deren stillem Reich was war, aber nicht mehr ist
sich sammelt, sei es um da zu bleiben, oder um wieder „von
des Lebens holdem Lauf erfaßt, an des Tages Zelt, an der
Nächte Gewölb vertheilt zu werden." Sollen die Gestalten

des Lebens in das Gestaltenreich hinab, von da wieder in die
sichtbaren Welten zurückgehen und sofort, so muß auch Je=
mand da sein, der sie in Empfang nimmt, sie wieder ins
Leben sendet, wenn die Zeit gekommen ist; das thun die
Mütter, und weil die Gestalten, die in das Leben und aus
dem Leben treten, unermeßlich sind an Zahl und Menge, so
sind es auch der Gottheiten viele, welche diesen Lebensproceß
leiten, daher „die Mütter", nicht eine singuläre Einzelgottheit.
Noch genauer weisen auf das Wesen dieser „Mütter" die
Worte des Mephistopheles hin: „die einen sitzen, andre stehn
und gehn, wie's eben kommt, Gestaltung, Umgestaltung, des
ewigen Sinnes ewige Unterhaltung." Die „Mütter"
sind hienach der ewige Sinn, der ewige Verstand, der (gleich=
falls spätplatonisch) die Urbilder aller Dinge in sich trägt,
von ihnen umschwebt oder erfüllt ist; dazu dichtet nun hier
der Dichter noch hinzu, dieser ewige Sinn mache sich selbst
zu thun mit dem Gestalten und Umgestalten der Bilder der
Dinge, er sei nicht unlebendig und unthätig, sondern unter=
halte sich damit, an den in sein Schattenreich herniedergestie=
genen Gestalten selbst wieder gestaltend, bildend, formend
thätig zu sein, z. B. etwa sie zu ihrer ursprünglichen Reinheit
und Fülle zurückzuführen, des Lebens Narben und Wunden=
male ihnen wieder abzustreifen, sie in neue Jugendkraft zu
kleiden, bevor sie abermals in neue Welten wandern, diejenige
Gestalt ihnen zu verleihen, in welcher sie aufs Neue „des
Lebens holden Lauf" beginnen sollen. Auch rücksichtlich dieser
Seite des Wesens und der Thätigkeit der „Mütter" paßt es,
daß sie in der Mehrzahl sind; ein ewiger Verstand in der
Einzahl, der die Gestalt aller Wesen bestimmt und erneut,
wäre eine zu abstrakt philosophische Figur und käme zudem
mit dem Gottesbegriff in Kollision, weil er demselben zu nahe

träte. So aber treten die „Mütter" mit den Moiren, Parcen und ähnlichen Gottheiten in Einen Kreis von höhern, aber nicht zu hohen Gewalten ein, die mit Entstehen und Vergehen, Geburt und Tod, Gestalt und Geschick der unermeßlich zahllosen Wesen sich befassen, welche der Kreislauf des kosmischen Lebens alle Ewigkeit hindurch in jedem Moment ans Licht des Tags empor= wie ins Dunkel der Nacht hinabtreibt.

Nicht die Urbilder der Dinge selbst sind die Mütter, wie Düntzer meint, sondern die Wesen, bei welchen die Urbilder sich sammeln, und von welchen sie wieder an die Tageswelten heraustreten (daher auch Faust keineswegs, wie derselbe Gelehrte glaubt, die Mütter mit dem Dreifuß an die Oberwelt heraufbringt). Nicht das schaffende und erhaltende Princip überhaupt sind sie, wie Eckermann annahm, sondern nur ein erhaltendes, sie sind Göttinnen, welche der ewigen Metamorphose der Dinge, des schon Vorhandenen vorstehen. Noch weniger sind sie, wie Weiße glaubt, das gestaltlose Reich der innern Welt des Geistes, die unsichtbare Tiefe des nach Geburten ringenden Geistes, aus der alle idealen Schöpfungen des Geistes hervorgehen, oder gar, wie Hartung [17]) sagt, die Oede des spekulativen Denkens, wie sie vor Allem Spinoza vorbildlich gezeigt hat. Solche subjektive Auffassungen sind ganz unrichtige Anwendungen der modernen Immanenzphilosophie, sie verflachen nur und treffen die Sache nicht. Aus dem Reich der reinen Gestalten holt Faust die Helena, weil er das reine Urbild der Schönheit anschauen soll; keineswegs aber soll er das Ideal der Schönheit selbst, aus seinem Geist produciren; davon ist gar nicht die Rede, Faust soll nicht Künstler werden, er soll nicht schaffen, sondern sehen, aber er soll das Schöne aus erster Hand, aus der Hand der Wesen sehen, die es ewigklar und spiegelrein für alle Zeiten

aufbewahren in den stillen Gründen des Universums, wohin
keine irdische Verderbniß reicht. Ganz passend ist es hiebei
zugleich, daß Faust nun auch einmal wirklich „in der Wesen
Tiefe“ kommt, nach der er immer trachtet; wie der Faust des
Faustbuchs Himmel und Hölle zu sehen bekommt, so er die
unermeßlichen Räume, wo des Lebens schweigende Phantome
wandeln und harren, bis sie herauftreten zur Tagessonne.
Auch Gervinus [18]) faßt mit Recht die Mütter objektiv
„als die ursprünglichen Wirkungskräfte, von denen Elemente
und Geschöpfe ausgehen, zu denen sie zurückkehren“ (nur daß
unter ihnen nicht die allerhöchsten und letzten schaffenden
Kräfte zu verstehen sind). Selbst in dem Spruch des Con-
fucius: „Soll sich dir die Welt gestalten, in die Tiefe mußt
du steigen, soll sich dir das Wesen zeigen; — im Abgrund
wohnt die Wahrheit“ ist nicht an die Tiefe des Denkens, an
die Abgründe des forschenden Geistes, sondern in objektiver
Weise an das Innere der Dinge selbst, an ihr von der Ober-
fläche die sie zeigen noch weit abliegendes inneres Wesen
gedacht.

Durch die Hülfe des Mephistopheles erhält Faust die
klassische Schönheit in ihrem reinen Glanz, das Original,
nicht eine bloße Kopie zu sehen; aber nun tritt eine uner-
wartete Wendung ein; Faust will die Gestalt
festhalten, er faßt sie an, allein sie entschwindet ihm, da
sie keine materielle Individualität, sondern nur eine geister-
artige Wesenheit ist, die man schauen, aber nicht mit Händen
greifen und betasten kann. Faust jedoch ist so hingenommen
von dem vollen Strom der Schönheit, die sich ihm in Aug
und Sinn gegossen, er ist so sich selbst entrückt durch die
herrliche Gestalt, deren Anblick erst ihm geoffenbart hat, was
Schönheit ist, welcher Schönheit die Welt fähig ist, daß er

mit ihrem Verschwinden die Besinnung verliert und in fieber=
haftem Starrkrampf nur von Helena noch träumt, blind und
taub für die übrige Welt, geistig verloren, wenn seine Sehn=
sucht nach ihr nicht gestillt werden wird. Dieser Zustand
dauert fort, bis Homunkulus ihn nach Hellas bringt; dort
im Lande des ersehnten Ideals lebt er wieder auf.

Wie sonderbar sind doch hier die gewöhnlichen Deutungen!
Düntzer sagt: „Faust's erster unglücklicher Versuch sich der
Helena zu bemächtigen bezeichnet das leidenschaftliche Anstürmen
nach dem Ideal der Schönheit, welches allein nicht hinreicht
sich desselben zu versichern; nur besonnenes, von dem tiefsten
Gefühl reinster Schönheit ergriffenes, in sehnsüchtiger Liebe
nach ihr hingewandtes, sich in stiller Wonne zu ihr erheben=
des, von ihr unwiderstehlich angezogenes und in ruhigem Be=
hagen zu ihr hingetriebenes Streben vermag es, die Umwor=
bene zu gewinnen." Das mag auf Bräute passen, auf das
Ideal der Schönheit nicht. Weiße sagt: „daß die feurige
Seele des Jünglings, wenn sie zuerst das Ideal gewahr wird,
dasselbe sich augenblicklich und gewaltsam anzueignen sucht,
dadurch aber nur dieses erreicht, daß der Gegenstand ihres
Strebens in Dunst und Rauch aufgeht, ist der leicht sich
darbietende und kaum zu verfehlende Ausdruck der Bedeutung
des plötzlichen Verschwindens der Helena." Aber was soll
hier der Jüngling? und geht denn nur ohne Weiteres jedes
ungestüm ergriffene Ideal in Rauch auf? Das kann nur von
praktischen Idealen, Freiheitsträumen und dergleichen gesagt
werden; aber ein Idealschönes, um das es sich hier handelt,
geht mir nicht in Rauch auf, wenn ich es mir noch so eifrig
anzueignen strebe; Homer, Raphael, Mozart halten ihrem
Bewunderer Stand, er mag sie mit sanguinischem Enthusias=
mus oder mit stoischer Beschaulichkeit auffassen. Die Hauptsache

in unsrer Scene ist überhaupt gar nicht das in·Rauch Auf=
gehen, sondern Faust's Ekstase, als die Gestalt verschwunden
ist. Hartung tritt dem Punkt, um den es sich handelt, schon
näher, wenn er sagt: Nichts ist gefährlicher, als Ideale zu
umarmen, die nicht mit der Wirklichkeit vermittelt sind; Faust
verfällt in den alten Irrthum, die Geister, welche er beschworen
hat, auch sogleich festhalten zu wollen; das Doppelreich bereitet
man sich nicht so leicht, und die bloße Begeisterung thut es
nicht. Indeß ist auch hier der Begriff Ideal zu ungenau
genommen und der Schein erregt, als handle es sich um
praktische Ideale, die man zu schnell realisiren will. Die
Sache ist vielmehr ganz einfach. Faust bekommt diese Helena,
die er hier zu sehen bekommen hat, nur deswegen nicht zu
wirklichem Besitz, weil sie's nicht ist, weil es nur das sche=
menhafte Bild der Helena, weil es nur das ideale Modell der
realen Helena, nur die schöne Form war, welche die lebende
Helena an sich trug, nicht aber Helena selbst, eine Form ohne
Leben, ohne Bewußtsein, ohne Körper, ein „Gespenst", wie
Mephistopheles nach dieser Seite ganz richtig sagt. Faust,
dieß ist somit der Kern der Sache, Faust verliebt sich in
das Bild, in das unwirkliche, einer Bildsäule oder Malerei
gegenüber freilich wirklich scheinende, darum auch auf der
Bühne sich wirklich bewegende, aber darum doch nicht wirkliche,
Fleisch und Blut entbehrende Phantasma der Helena, er ver=
liebt sich in das Bild und will nicht warten, bis die wirkliche
Person, die das Bild vorstellt, da ist, er verliebt sich in
eine bloße Vorstellung, ganz ähnlich wie die Schil=
derung der Schönheit einer Gegend, eines Landes, eines In=
dividuums oder auch die Abbildung eines solchen schönen
Objektes einen bis zum Krankhaften leidenschaftlichen Enthu=
siasmus, eine förmliche Verliebtheit erzeugen kann, ganz ähnlich

wie namentlich Göthe selbst seiner Zeit von einer brennenden, ihm endlich unerträglichen und selbst gefährlichen Sehnsucht nach Italien ergriffen wurde, dessen Herrlichkeit ihm von Jugend auf in Beschreibungen und Bildern entgegen getreten war. Göthe behielt freilich Verstand und Sinn beisammen, er verwechselte Bild und Wirklichkeit nicht; aber anders kann und muß es bei Faust sein; sein stürmischer Charakter treibt ihn auch hier auf's Aeußerste, sein Bund mit Mephistopheles und der glückliche Erfolg seines „Schreckensgangs" zu den Müttern kann es ihm zudem recht wol als möglich erscheinen lassen, die herrliche Gestalt, die er heraufgeholt, auch festzuhalten, ja er kann es zum Voraus gar nicht so bestimmt wissen, daß dieß unmöglich ist, da er ja nicht unterrichtet ist über die Eigenthümlichkeit und die Verhältnisse des Gestalten= reichs. Der Sinn des ganzen Hergangs ist mithin einfach der: aus Anlaß seines Verweilens am Kaiserhofe bekommt Faust das Ideal der Schönheit aller Zeiten, die Gestalt der Helena, zu sehen, und zwar das ganze und volle Bild ihrer Schönheit; von der Herrlichkeit desselben ergriffen wünschte er es sich zu bleibendem Besitz und glaubte ver= möge der außerordentlichen Umstände, unter welchen er es zu sehen bekam, es wirklich festhalten zu können; aber das gieng natürlich nicht, denn das Bild war ein der Realität noch entbehrendes Scheinbild, ein Bild nicht von dieser Welt, es war ein Bild, das nur vorübergehend in dieser Welt erscheinen konnte, das in jedem Falle wieder entschwunden wäre, das aber noch schneller, als es ohnedem geschehen sein würde, ent= schwand, als Faust in ekstatischem Liebeswahnsinn es wie eine Gestalt von Fleisch und Blut umfassen und festhalten wollte. Nur die sinnberaubende Macht der rei= nen Schönheit, nur die Ergriffenheit Faust's von

ihr soll der ganze Hergang veranschaulichen; das „in Rauch
Aufgehen" gehört nur zur poetischen Ausführung. Das Feuer
soll dargestellt werden, mit dem Faust beim erstmaligen Anschauen der vollendeten klassischen Schönheit erfüllt wird, und
zwar in dichterischer Steigerung so, daß die Flamme der Begeisterung als völlige Verzückung, die das Bild für Wirklichkeit nimmt und auf diese nicht warten will, als göttlicher
Wahnsinn geschildert wird.

Faust bekommt Helena zweimal zu sehen, zu-
erst im Bild, dann (im dritten Akt) in Wirklichkeit. Warum
zweimal? Nur wenn er sie zuerst im Bilde sieht und dadurch
getrieben wird, sie nun auch in Wirklichkeit aufzusuchen,
kommt seine gewaltige Sehnsucht nach der klassischen
Schönheit und dadurch die überwältigende Macht dieser selbst
über den Menschen zur Anschauung; und nur wenn Faust
Helena selbst darauf hin sucht, daß das Bild ihrer Herrlichkeit
vor sein Auge getreten war, ist sein Zusammentreffen mit ihr
nichts Zufälliges, sondern etwas Selbstgewolltes, Faust's
eigene That, wie es sich für das Drama gebührt. Auch konnte
am Hof nicht Helena selbst erscheinen, und doch war
andrerseits Faust's Aufenthalt am kunstliebenden Kaiserhof der
weit beste Anlaß seine Aufmerksamkeit auf Helena zu richten
und ihre Heraufbeschwörung ins Werk zu setzen; somit blieb
nichts übrig, als daß Faust bei Hofe nur das Bild der Helena, sie selbst erst später sah. Ein Uebelstand kommt
bei dieser Verdopplung freilich heraus. In der Hexenküche
sieht Faust auch zuerst ein Bild von einem schönen Weibe,
nachher aber eine wirkliche lebendige Individualität, welche
jenem Bild entspricht, nämlich seine Geliebte; durch das Bild
wird Faust auf wirkliche Schönheit begierig gemacht, zu der
er sodann auch wirklich gelangt. Anders dagegen hier. Das

spätere Zusammensein Faust's mit der allerdings als wieder=
erstanden vorgestellten Helena ist nicht Wirklichkeit, wie sein
Zusammensein mit Gretchen, jenes Zusammensein ist selbst
wieder Phantasmagorie, Allegorie dafür, daß Faust Gelegenheit
ward die klassische Schönheit ganz und vollkommen zu schauen
und zu genießen. Wozu also zweimal eine beidemal nur
phantastische Erscheinung? Ein Uebelstand, ein Ueberfluß ist
dieß immer, und nur dadurch wird derselbe theilweise wieder
aufgehoben, daß Faust's Zusammensein mit Helena im dritten
Akte allerdings wirklicher, reeller ist als sein Erblicken der=
selben am Kaiserhof; dieses ist augenblicklich, jenes dauernd;
dieses ist nur ein vereinzeltes Bild aus dem Alterthum in
fremdartiger moderner Umgebung, jenes aber ist zugleich
ein Weilen im klassischen Lande selbst, ein Athmen
seiner Luft, ein wonniges Genießen alles Klassischen zumal
ohne Störung durch ganz verschiedenartige äußere Verhältnisse,
somit eine wirkliche Stillung der Sehnsucht nach dem Schö=
nen, zu der es eben am Kaiserhofe noch nicht gekommen war.

V. Der zweite und dritte Akt.

Die Kluft zwischen Gretchen und Helena ist immer noch nicht ganz überbrückt; gesehen hat Faust die Helena, aber gefunden zu dauernderem Besitz noch nicht; weite Fernen trennen sie von ihm, sie ist in der „Hölle des Heidenvolks", wie ist da hinzugelangen? ihr Bewunderer ist umstrickt von unheilbarem Liebeszauber, wie ist da zu helfen? Mephistopheles weiß keinen Rath. Der Chaossohn hatte schon in das Gestaltenreich der Mütter nicht selber Zutritt, denn das Reich der reinen Form ist dem Satan, dem wüsten Materialismus, der die Bändigung der Materie durch die Form nicht will und nicht begreift, versagt; den Schlüssel konnte er Faust geben, aber selbst durfte er es nicht betreten. Noch weniger Macht hat er über das Heidenvolk; „nordwestlich unter Wust der Pfafferei", in trauriger Natur, bei trüber und düsterer naturfeindlicher Geistesart ist sein Revier; das heitere Griechenvolk hat nichts mit ihm zu schaffen. Auch hat er keinen klaren Begriff von dem gewaltigen Eindruck des Klassischschönen auf die Seele seines Schutzbefohlenen, er weiß nicht, daß diesem jetzt nur zu helfen ist, wenn man ihn in klassische Luft und Umgebung bringt. Wie soll somit Faust's Geschichte weiter gehen? Er geistesabwesend, Mephistopheles macht= und rathlos; offenbar muß ein neuer hülfreicher Geist erscheinen, wenn nicht Alles stocken, wenn Leben und Bewußtsein Faust wiederge=

geben werden soll. Aber woher soll auf einmal dieser neue
Geist erscheinen? wer soll er sein? wo soll man ihn suchen
und finden? das ist jetzt die Frage.

Diese Frage löst **der zweite Akt** in folgender Weise.
Was das nordwestliche Revier, die moderne Welt mit dem
klassischen Alterthum verbindet, ist die Gelehrsamkeit;
dieses Verdienst hat sie, sie mag sonst so pedantisch geistlos
quälerisch sein als sie will. Die Gelehrsamkeit also wird viel=
leicht den hülfreichen Geist liefern, der Faust in's Land der
klassischen Schönheit führen, ihn seiner Helena nahe bringen
wird. Ein Gelehrter muß helfen; wer ist aber gelehrter als
Dr. Wagner? also zu Wagner zurück! Mephistopheles weiß
ohnedies mit Faust nichts anzufangen als ihn wieder in seine
alte Behausung zu bringen und da zu warten, wie es weiter
gehen werde; somit ergibt es sich ganz von selbst, daß er auch
wieder zu Wagner kommt. Der gelehrte Mann hat seit seines
Meisters Verschwinden das bloße Bücherstudieren auch satt
bekommen, nämlich in seiner Weise; er hat sich auch zu dem
Gedanken erhoben, die Gelehrsamkeit dürfe nicht im todten
Ansammeln und Wiederkäuen eines traditionellen Wissensstoffes
ihr Höchstes suchen, sie müsse vielmehr produktiv sein, sie müsse
Leben schaffen, wie die Natur. Da er nun aber doch keinen
lebendigen Begriff von Leben hat und in seinem Gelehrten=
dünkel die Natur doch wiederum gern überbieten möchte, so
ist er auf das merkwürdige Projekt verfallen, durch Gelehr=
samkeit, durch Kunst einen Menschen zu produciren, der eben
damit höherstehen und geistiger sein soll, als die natürliche,
auf physischem Weg in's Dasein getretene Menschheit. Mitten
in diesem Geschäft einen Kunst= und Geistmenschen zu elabo=
riren überrascht ihn Mephistopheles. Die Sache kommt ihm
drollig vor; er bewirkt, daß das Werk, das Wagner allein in

Ewigkeit nicht vollbracht hätte, gelingt, das Männchen wird wirklich fertig, obwohl es ihm an Einem, am Greiflichtüchtigen, an Fleisch und Blut fehlt. Der Teufel hat die Animation, die Beseelung, der Gelehrte die übrigen Elemente dazu gegeben, und so ist ein ganz eigenthümliches Wesen entstanden, ein Männchen von hellem Geist, aber nur chemisch conglutinirtem, nicht organisch in sich geschlossenem Leib, ein Geistchen so gut als ohne Leib, da Wagner, um die Natur zu übertreffen, um etwas Feineres als sie zu produciren, nur die feinsten sublimsten ätherischen Substanzen genommen hat und somit nur diese ihm eine Art von Körper geben, einen Licht- und Feuerkörper, einen Aetherleib, von dem es noch weit ist bis zu reell materieller Leiblichkeit. Da das Geistchen ohne die hemmende und trübende Schwere eines gemein materiellen Leibs zur Welt gekommen ist, so ist es gleich von Geburt an selbstbewußt verständig thätig; da es (lehrt die Chemie des Paracelsus) [19]) durch Intelligenz, durch Kunst zu Stande gekommen ist, so ist ihm die Intelligenz angeboren, es braucht sich dieselbe nicht erst zu erwerben; da es ein Kind der Gelehrsamkeit ist, so ist es auch gelehrt, es weiß, was die Gelehrten wissen, es weiß von Griechenland und Rom; da kein gemein materieller Körper seinen Geistesblick verdunkelt, so sieht es gleich, was in Faust's Geist vorgeht, es sieht, daß er von Helena, Leda u. s. w. träumt, es sieht, daß ihm nur zu helfen ist, wenn man ihn in's klassische Schönheitsland eiligst bringt; auch den Weg dahin weiß es, und somit ist Rettung da; Mephistopheles und Homunkulus tragen den Ritter hinüber nach Hellas, wo er erwacht, sobald er den Boden der klassischen Welt berührt.

Konsequenz, Methode ist sicherlich in dieser Einführung des Homunkulus, aber man kann Alles zu weit treiben, und das ist hier geschehen. Mag der neue Geist dramatisch nothwendig, mag er ingeniös erfunden sein, die Figur ist und bleibt eine unerquickliche Künstelei, eine Spottfigur, mit wel=cher zudem der Dichter selbst ein sie vollends ganz vernichten=des komisches Spiel treibt. Es ist freilich schwer zu sagen, was an die Stelle dieses Homunkulus hätte treten sollen, aber das entschuldigt den Dichter nicht. Auch die Absicht ironischer Anspielung auf die Behauptung des Naturphilosophen J. J. Wagner, es müsse der Chemie noch gelingen, organische Körper darzustellen und Menschen durch Krystallisation zu bilden, so= wie auf moderne Unnatur, Treibhauskultur überhaupt, macht die Sache nicht besser; denn eine so komische Figur eignet sich nicht zu Faust's Führer in's klassische Schönheitsland. Die Figur leidet an dem Widerspruch, komisch und nicht komisch zugleich zu sein, komisch zu sein und doch nicht komisch sein zu dürfen. Homunkulus ist einerseits (der paracelsischen Lehre gemäß) ein schon von Natur intelligenter regsamer rühriger für alles Geistige und so auch für das Schöne und Große begeisterter Lichtgenius, er ist die personificirte Intelligenz und Begeisterung, er ist der Feuergeist der Liebe zum Schönen, die dem Menschen voranleuchten muß, wenn er das hehre Land der Schönheit suchen und finden soll, er ist (nach der Seite seiner Abkunft von Wagner) der durch Gelehrsamkeit erzeugte Geist der Liebe zum Schönen überall wo es ist, auch in fernen Ländern und Zeiten, und so insbesondere der Liebe zum klassisch Schönen, sofern ja die Gelehrsamkeit bei aller hölzernen Trockenheit das Verdienst hat, das Entlegene und Vergangene dem Geist der Menschheit näher zu rücken und dadurch die begeisterte Sehnsucht danach mächtig zu erregen; aber er ist andrerseits (der ironischen Absicht gemäß) ein hohles Zwittergeschöpf, das der Dichter selbst dem Spotte preis

gibt. Ist Homunkulus die durch die trockene geistlose Gelehr=
samkeit (durch Wagner) wider ihr eigenes Wissen und Wollen
entzündete Flamme der Begeisterung [20]) für die schönen Schätze,
welche die Gelehrsamkeit entdeckt und sammelt, aber nicht selbst
in lebendigen geistigen Besitz zu verwandeln weiß, ist er ein
Erzeugniß der Gelehrsamkeit, in welchem diese sich selbst über=
trifft, ist er dem gemäß dramatisch der Genius der Begeiste=
rung, der Faust in die Heimath des Schönen führt: so durfte
er nicht wieder ironisirt werden wegen seiner einseitig spiri=
tuellen Natur, er ist etwas Edles und sollte daher auch so
behandelt sein. Und wirklich tritt am Schluß dieses Edle
wieder als das Wesentliche an ihm hervor; er zerschellt an
dem Muschelwagen der Meeresgöttin Galatea, weil ihn, da er
die ganze Schönheit hellenischer Natur und Götterwelt erblickt,
das unwiderstehliche Streben erfaßt, in dieselbe unterzutauchen;
er löst sich in sein Element, in die Licht= und Flammennatur
wieder auf, da er, wie Faust bei Helena's Erscheinen, mit dä=
monischer Gewalt vom Schönen angezogen sich nicht zu halten,
sich selbst nicht mehr zu beherrschen weiß. Das Komische der
Entstehung widerspricht dem Edeln der Natur; Homunkulus
mußte freilich komisch werden, wenn er so entstand, wenn der
Gedanke, daß die Gelehrsamkeit wider Wissen und Wollen die
edle Flamme der Begeisterung erzeugt, in dieser symbolisch
allegorischen Weise poetisch ausgeführt werden sollte; aber das
ist gerade das von vorn herein Verfehlte, daß der nicht
komische Gedanke in einer Art allegorisirt wird, die ihn so=
gleich komisch macht; das Edle muß auch in der Allegorisirung
edel bleiben; geht das nicht, so muß das Allegorisiren unter=
lassen oder anders in's Werk gesetzt werden.

  Dünzer glaubt, Homunkulus sei das besonnene, in
lebendiger selbstbewußter Kraft nach der idealen Schönheit hin=

getriebene Streben, welches diese nicht, wie Fauſt früher ge=
than, in wildem Anſturm erobern will, ſondern in ruhigem,
aber ſicherem Gang ſich ganz anzueignen ſucht. Allein deß=
wegen, weil im zweiten Theil Fauſt's der Gang der Hand=
lung im Allgemeinen ruhiger und beſonnener wird, wie
Düntzer anderswo ganz richtig ausführt, deßwegen iſt nicht
alles Einzelne ruhig, beſonnen u. ſ. w. Im Gegentheil, Ho=
munkulus iſt ein kleiner Fauſt, äußerſt rührig, ſo ſehr, daß er
aus reiner Ungebuld ſein gebrechliches Daſein ſelbſt zerſtört,
er iſt eine Flamme, die in ruheloſem Flackern ſich ſelbſt verzehrt.

Nach Weiße iſt er ein Ideenembryo, ein Sinnbild der
jetzt in Fauſt's Geiſt regen ideaaen Produktivität. Aber auch
hier handelt es ſich nicht um Produciren, ſondern um An=
ſchauen, und nicht um Fauſt ſelbſt, ſondern um einen Be=
gleiter; er iſt der Genius der Begeiſterung für das Schöne,
der jetzt, wo in Fauſt dieſe Begeiſterung entflammt iſt, zu
ihm tritt und ihn dahin führt, wohin dieſelbe ſtrebt; er unter=
ſcheidet ſich von Fauſt dadurch, daß deſſen Begeiſterung eine
blinde, des Wegs unbewußte, die ſeine aber eine ſehende iſt,
weil er vermöge ſeiner rationell geiſtigen Entſtehung ein von
Haus aus klarbewußtes intelligentes, wie Göthe ſelbſt ſagt
nicht durch völliges Menſchſein verdüſtertes und beſchränktes
Weſen iſt; [21]) er iſt kein ganzer Menſch, aber ein um ſo
freierer hellerſehender Geiſt; er iſt ein Wunderkind, nicht ein
Sinnbild, das neben Fauſt hinzuſetzen etwas durchaus Ueber=
flüſſiges geweſen wäre.

Günſtiger als das Urtheil über Homunkulus muß das
über die **klaſſiſche Walpurgisnacht** ausfallen. Die Schwie=
rigkeit „zwiſchen Spaß und Ernſt glücklich durchzukommen"
iſt hier beſſer gelöst; das Ganze iſt innerhalb des Geſammt=
zuſammenhangs wol motivirt und mit hübſcher Erfindung und

glücklichem Humor behandelt. Andrerseits aber enthält auch dieses Stück der künstlichen Beziehungen und Anspielungen zu viel, die meistentheils mit der Hauptsache, mit Faust und seiner Geschichte, ganz und gar nichts zu schaffen haben.

Der Hauptzweck der klassischen Walpurgisnacht ist, Faust's Vereinigung mit Helena zu vermitteln. Da nun aber diese Vereinigung bei Göthe nicht blos so wie im alten Faustbuch gemeint ist, daß nämlich Faust das schönste Weib der Erde zum Besitz erhalte, sondern vielmehr so, daß er die ebenso hohe als heiterkräftige Schönheit des klassischen Alterthums überhaupt, welche dem Wesen des Nordens und der Neuzeit fremd ist, kennen lernen, oder daß die in Helena gipfelnde Schönheit der ganzen klassischen Welt für ihn lebendig werden soll: so war es schon aus diesem Grunde passend, den Hergang so darzustellen, daß Faust nicht blos Helena, sondern zunächst und zugleich das klassische Alterthum überhaupt zu schauen bekommt und erst zum Schluß auch dessen höchste Gestalt, die Königin des Spartanerlandes. Natürlich kommt auch hier Faust nicht zum todten blos monumental überliefer= ten, sondern zum lebenden, d. h. zu einem wiederauf= lebenden Alterthum, nicht zu Statuen und Gemälden, sondern zu den in Gestalt lebendiger Wirklichkeit erscheinenden Geistern der antiken Götter und Helden, Männer und Frauen. Dieses Zusammentreffen mit noch oder wieder lebenden Per= sonen des Alterthums hat aber auch Bedeutung für das Auf= finden der Helena; Faust muß sich diese, wenn er sie auf längere Zeit zurückerhalten will, von dem Herrscher oder der Herrscherin der Heidenhölle, von Persephone, erbitten; um aber die klassische Unterwelt zu finden, muß er dieselbe erfragen, und erfragen kann er sie am besten auf klassischem Boden bei klassischen Personen, die er auf demselben trifft.

Näher gestaltete sich die Erfindung der Scene so. Es wird fingirt: das klassische Alterthum, seine Götter, Geister und Heroen, seine großen Männer und Frauen sind allerdings von der Tageswelt abgetreten; aber da es das ewig, das unverwelklich schöne Alterthum (da „die reine Form ewig") ist, so leben sie alle deßungeachtet verborgen fort in unvergänglicher Kraft Jugend und Herrlichkeit, und weil sie fortleben, finden sie sich auch zusammen, sie verlassen von Zeit zu Zeit die Orte, wo sie zerstreut wohnen, und vereinigen sich, weil die Zusammengehörigkeit sie auch zusammenführt, weil Bekanntes und Verwandtes sich sehen und wiedersehen, sich begrüßen und unterreden will, nicht aber zu wüstem Sinnenrausch und menschenfeindlichem Frevel, wie Satan und Heren auf dem Blocksberg. Natürlich ist dieses Zusammenkommen ein nächtiges geisterhaftes, da das klassische Alterthum von der Tageswelt abgetreten ist; aber an ihrer hohen und heitern Schönheit haben seine Gestalten nichts verloren, da diese eben von der Art ist, daß sie den äußeren historischen Untergang der antiken Welt unvergänglich überdauert. Zum Zeitpunkt ist passend der Jahrstag der Schlacht von Pharsalus gewählt, der Tag, bis zu welchem hin das Alterthum seine Freiheit, sein eigenthümliches heiter und kräftig bewegtes Leben behauptete, oder bis zu welchem hin es real existirte, von welchem an aber es nur noch ideal, geisterhaft fortdauert. Auch der Schauplatz knüpft sich an jene Entscheidungsschlacht an; wie auf andern Schlachtfeldern (Marathon, Hunnenschlacht), so erneuert sich auch auf dem von Pharsalus ein gespenstisches Nachspiel des Kampfes, die Ebene bedeckt sich mit Lagern Zelten Wachfeuern; dieser Wunderglanz der Nacht zieht „hellenischer Sage Legion" herbei, „alter Tage fabelhaft Gebild", die Geister der mythologischen Wesen Götter Helden

und andere mehr, die aber volle Realität des Lebens noch zu
haben scheinen und in solcher sich darstellen. Der Schauplatz
erweitert sich aber auch über das Schlachtfeld hinaus; die
Geister sind einmal rege, und es kommen daher namentlich
auch die Götter des nahen Meeres in Bewegung, sie feiern
am Ausgang des Peneiosthals, an den Ufern des ägeischen
Meeres ein Nachtfest, das vollends ganz den Charakter antik
frohen und heitern Lebens an sich trägt, wie es zu der Schönheit und leichten Beweglichkeit des Meerelementes selbst und
der Wesen stimmt, mit denen die griechische Mythologie es
bevölkert hatte. Faust selbst nimmt an der Feier nur wenig
Theil, da er der Helena zustrebt; Mephistopheles, der
Vertreter des mittelalterlich nordisch Unschönen Trüben und
Düstern, sucht lang vergebens Gestalten, mit denen er sich
befreunden kann, er findet solche endlich in den häßlichen Ge-
bilden, welche die hellenische Mythologie selbst blos als hassens-
und verabscheuungswerthe Ungeheuer neben ihre schönen Gestalten gestellt, in den Lamien und Phorkyaden, damit so der
Kontrast zwischen dem nordisch Formlosen und Formfeindlichen
und der Formschönheit des Antiken in seiner ganzen Schärfe
herausgekehrt, das einseitig Moderne ironisch persiflirt, das
Antike ihm gegenüber nach Gebühr erhoben und verherrlicht
werde; Homunkulus endlich ist nur da, um in der schon
angegebenen Weise wieder zu verschwinden, nachdem er seine
Dienste gethan, und so wieder vom dramatischen Schauplatz
abzutreten. — Im Besondern der Ausführung findet
sich manches Schöne. Die Eindrücke der antiken Gestalten
auf den Geist des vor sie tretenden Beschauers sind naturgemäß geschildert, das Wesen des Alterthums überhaupt wie
der besondern Personen welche auftreten ist charakteristisch-
treffend skizzirt, die Einzelfiguren der Mythologie sind gut

mit den drei Wanderern, Fauſt Mephiſtopheles und Homun=
kulus, in Verbindung gebracht, die Reden derſelben paſſend
aus ihrem Charakter abgeleitet; auch von Göthe ſelbſt ge=
ſchaffene Figuren, wie Seismos, ſind mit Anſchaulichkeit und
Humor behandelt, und ſelbſt die auf moderne Gegenſtände
bezüglichen Reden der mythologiſchen Figuren (der Greifen,
Sphinre, des Chiron u. ſ. w.) dürfen um dieſer Beziehungen
willen nicht von vorn herein unbedingt verurtheilt werden,
weil ſie nothwendig auch zur Gegenwart in Beziehung geſetzt
werden mußten, wenn ihnen nicht bloß alte längſtbekannte
und dadurch langweilige Dinge, wie z. B. von Herkules,
Ulyſſes, den Argonauten und ſonſtige altabgedroſchene mytho=
logiſche Sachen, in den Mund gelegt werden ſollten. Was
die Phantaſie des Reiſenden in Italien oder Hellas in ſchöner
Mondnacht ſich einfallen laſſen kann: es wäre ſchön, wenn
„die ſilbernen Geſtalten der Vorzeit“ dem Boden wieder ent=
ſteigen wollten, auf welchem ſie einſt wandelten, Das iſt von
dem Dichter hier erfaßt, feſtgehalten, zu einem wirklichen
poetiſchen Nachtbild ausgeführt, wahr und treffend im Ein=
zelnen und überall in humoriſtiſchem Tone, weil ja Alles
nicht Ernſt, ſondern heiteres, ſeiner Unwirklichkeit ſelbſt be=
wußtes Phantaſieſpiel iſt. Ohne dieſen Humor wäre das
Ganze eine pedantiſch gelehrte Aufwärmung des klaſſiſchen
Alterthums; durch die humoriſtiſche Behandlung aber iſt
bewirkt, daß es nicht ſo, ſondern als eine Abſchweifung der
dichteriſchen Phantaſie erſcheint, welche ſie ſich auch einmal
erlauben kann, wenn ſie nur nicht Dasjenige in ernſtem Tone
behandelt, was durchaus ernſt behandelt undichteriſch trocken
und langweilig ſich ausnehmen würde.

So weit mithin wäre die klaſſiſche Walpurgisnacht nicht
zu tadeln, ſondern als Intermezzo, in welchem der Dichter

sich freier als sonst gehen läßt, wol zuzulassen. Aber andrer=
seits hat er die mythologischen Gestalten die er vorführt zu
Anspielungen auf Fragen theils der gelehrten Behandlung des
Alterthums theils der Naturwissenschaft in einem nicht zu
rechtfertigenden Umfang benützt. Schon die ironischen Be=
ziehungen auf die Creuzer=Schelling'sche Kabirentheologie sind
viel zu singulär, viel zu weit hergeholt: was soll aber
vollends der Streit zwischen Vulkanismus und Neptu=
nismus im Faustgedichte? was hilft aller Humor, mit dem
die Schlacht zwischen Vulkanisten (Pygmäen) und Neptunisten
(Reihern und Kranichen) geschildert sein mag? wie unpoetisch
ist die Disputation zwischen Thales und Anaxagoras über die
Frage, ob Alles aus Wasser oder Feuer entstanden sei? was
nützen da artige Einzelheiten, wie das Xenion: „Denn wo
Gespenster Platz genommen, ist auch der Philosoph willkommen;
damit man seiner Kunst und Gunst sich freue, erschafft er
gleich ein Dutzend neue“? wie weit und breit ist dem Nep=
tunismus zu Ehren das Meeresfest ausgesponnen! wie künst=
lich und dunkel ist der Gedanke, Homunkulus müsse, um zu
voller körperlicher Natur zu gelangen, mit dem Meere, mit
der Assimilation des feuchten Elements, dem alles Lebendige
entstammt, anfangen und von da allmälig zu höhern Meta=
morphosen, zur Assimilation auch weiterer Elemente des kör=
perlichen Organismus fortschreiten! wie fad geht das Ganze
dieser Wasserpoesie aus mit „Heil dem Meere! Heil den Wo=
gen!“ wie übel nimmt sich diese gelehrte und doktrinäre Poesie
aus in einem Werk, das sonst die Gelehrsamkeit die Theorien
die Systeme die Rechthaberei geißelt! Wie gezwungen und
erkünstelt ist gerade auch in diesen neptunistischvulkanistischen
Partien die Sprache! Eigensinn und Willkür haben die

Hälfte dieser Walpurgisnacht diktirt; Poesie und Geschmack ist hier dem Dichter völlig ausgegangen. Dünzer's Kommentar ist in dieser Dunst= und Nebel= welt ganz besonders verdienstlich. Nur irrt er, wenn er unter den von Göthe in die Walpurgisnacht „hineingeheimnißten" Ideen auch die findet, anzudeuten, daß die Entwicklung der Kunst in Griechenland eine allmälig fortschreitende gewesen. In den Nereiden und Tritonen, sagt er, werde die erste Stufe der Kunst bezeichnet, welche thierischen oder halbthierischen Gestalten eine höhere Bedeutung beilegt, die Telchinen aber stellen die höhere Kunststufe menschlicher Bildung dar, der jedoch zunächst noch die Idealität fehlt, welche die Doriden bezeichnen und unter ihnen vor Allen die höchste Vollendung der Kunst, Galatea. Jenen wolbekannten Satz von allmäliger Entwicklung der griechischen Kunst anzudeuten war schwerlich Göthe's Absicht. Die Halbfische, die Tritonen und Nerei= den, treten nur deswegen auf, um sie durch die Kabiren humanisirt werden zu lassen und bei dieser Gelegenheit die moderne Ueberschätzung des Kabirendienstes als einer Religion, von der das Licht höchster geistiger Erleuchtung über rohe Pe= lasger und Hellenen ausgestrahlt sein sollte, ironisch durchzu= ziehen. Die Telchinen nehmen allerdings am Meeresfeste Theil nicht nur als Gehülfen des Meergottes, dem sie den Dreizack geschmiedet haben, sondern auch als die Künstler, welche „die ersten die Göttergewalt aufstellten in würdiger Menschengestalt"; aber auch damit soll nicht auf eine erst allmälige Kunstentwicklung hingedeutet werden, sondern die Bildner des schönen Götterideals haben eben ganz natürlich auch ihren Ehrenplatz bei dem Zuge der Seegötter, in welchem das Schönste und Herrlichste der hellenischen Götterschönheit zur Anschauung kommen soll. Galatea endlich tritt deutlich genug auf an der Stelle der höchsten Schönheitsgöttin, der Aphrodite, damit an dem großen Schönheitsfeste das Allerschönste und Allerlieblichste hellenischer Phantasie nicht fehle; auf die Kunst speciell hat sie keine Beziehung, wie sie ja auch weit mehr mythologisch poetische als plastisch künstlerische Bedeutung schon im Alterthume hat.

Wir kommen aus dem nächtlichen Labyrinth der Walpurgisnacht endlich wieder in eine hellere Region, wir sehen **Helena** auftreten vor dem Palast ihres Gemals in Sparta. Die Herrscherin der Unterwelt hat Faust's Bitte willfahrt, daß die Königin des Schönheitsreichs zu ihm auf die Oberwelt zurückkehre. Um nun aber sie mit Faust hier zusammenzuführen, ergreift der Dichter einen ganz eigenen Weg, und nicht minder eigenthümlich ist die Art, wie er das Zusammensein Beider nachher schildert, und die Ideen über Vereinigung des Antiken und Modernen, welche er an dasselbe knüpft. Helena kommt in nur halbwachem träumendem Geisteszustande auf die Erde herauf, sie wähnt sich selbst ihrer einstigen irdischen Existenz noch ganz nahe, sie glaubt eben mit Menelaus von Troja heimgekehrt zu sein, sie meint die Königsburg hier noch zu finden, wie sie dieselbe verlassen hat; Mephistopheles hat Alles so in Scene gesetzt. Von der Walpurgisnacht her als Phorkyas vermummt spielt er die Schaffnerin in der Königsburg, empfängt die Herrscherin, und theilt ihr mit, Menelaus habe beschlossen sie zur Rache und Sühne zu opfern für das Hellenenblut, das um ihrer Untreue willen geflossen. Um diesem Schicksal zu entrinnen, nimmt sie die von Phorkyas angebotene Hülfe Faust's an, der um Helena ebenbürtig entgegenzukommen als germanischer Herzog auftritt, welcher in der Mitte des Peloponneses sich festgesetzt hat. Helena zieht in Faust's Ritterburg und wird ritterlich galant aufge=

nommen; Menelaus' Angriff wird abgeschlagen; Fauſt ver=
theilt den Peloponnes unter die deutſchen Ritter und Stämme,
und erfreut ſich in Arkadien des idyllischen Zuſammenlebens
mit der Gefeierten. Ein Sohn Euphorion wird ihnen geboren,
ein ſchöner hochbegabter und hochbegeiſterter Dichtergenius.
Das Feuer ſeines Geiſtes offenbart ſich ſogleich in unbe=
zähmbarer Wildheit, die keine Gefahren kennt und keinen
Schranken ſich unterwerfen will weder im Wagen noch im
Genießen, wie einſt Fauſt; aber er rührt und bezaubert auch
die Herzen durch die Herrlichkeit der melodiſchen Klänge, die
er ertönen läßt, in denen klaſſiſcher Wollaut und germaniſche
Innigkeit vereint erſcheint; ſelbſt Phorkyas, ſelbſt die kraft
antiker Sinnesart für das tiefer zum Herzen Dringende weniger
empfänglichen trojaniſchen Begleiterinnen der Spartanerkönigin
können ſich der Rührung nicht erwehren; Phorkyas ruft ihnen
zu: „Höret allerliebſte Klänge, macht euch ſchnell von Fabeln
frei, eurer Götter alt Gemenge laßt es hin, es iſt vorbei;
Niemand will euch mehr verſtehen, fordern wir doch höhern
Zoll: denn es muß von Herzen gehen, was auf Herzen wirken
ſoll", die Trojanerinnen bekennen ſich beſiegt, „zur Thränenluſt
erweicht", erquickt und erhoben zu einem neuen Fühlen und
Empfinden, wie ſie zuvor es nie gekannt. Wie Fauſt der
Schönheit Helena's gehuldigt und den höchſten Schönheitsruhm
ihr zuerkannt hat, ſo huldigt hier umgekehrt die antike Welt
der höhern Gefühlsinnigkeit der modernen Welt; beide Welten
ſchließen einen Freundſchaftsbund, der moderne Fauſt erſättigt
und erkräftigt ſich am Anſchauen antiker Hoheit und Herrlich=
keit der Erſcheinung, Helena und ihre Genoſſinnen verſpüren
in ſich ein Wehen des tiefern Geiſtes der ſpätern Geſchlechter,
ſie fühlen das höchſte Glück, das Glück der Herzensrührung,
das Glück, das im Fühlen, im Empfinden ſelber liegt, ja ſie

fühlen, daß dieses Glück des Herzens höher ist als der Glanz äußrer Glückseligkeit, wie das Alterthum ihn bewunderte und ersehnte: „Laß der Sonne Glanz verschwinden; wenn es in der Seele tagt, wir im eignen Herzen finden, was die ganze Welt versagt"; der Preis der Schönheit fällt der Antike, der Preis der tiefern herzergreifenden und herzbeglückenden Empfindung fällt dem modernen Geiste zu, Jedes erkennt das Preiswürdige des Andern. Aber nur kurz dauert das Vereintsein Faust's und Helena's, der Bund der alten und der neuen Welt. Das Ungestüm Euphorion's, der Beide zusammenhielt, wie er der Vereinigung Beider entstammte, führt ihn einem schnellen Ende zu; er strebt (denn er ist zugleich Lord Byron, der englische Faust!) den unterdrückten Neuhellenen zu Hülfe (die einstweilen statt der Germanen in Morea wieder Platz genommen); des Geistes Flügel tragen ihn in die Höhe, aber er hat zu viel gewollt, er stürzt entseelt herab. Damit ist auch für die Uebrigen das Zeichen zur Trennung gegeben. Helena entschwindet, ihre Gewande tragen Faust hoch über Meer und Land zurück in die nordische Heimath; die trojanischen Begleiterinnen aber, noch jugendlich lebensfrisch, verschmähen es, ihrer Königin in die Unterwelt zu folgen, sie verwandeln sich in Baum-, Berg-, Quell-, Weinstocknymphen; wie sie die doch nur augenblickliche Rührung durch Euphorion's Gesänge als „sinnverwirrendes berauschendes Geklimper" schnell wieder von sich abschütteln, so treten sie auch damit ganz wieder in die antike Art zurück, daß sie in überquellender Lebenslust einem zwar menschlichen aber trübseligen Fortbestehen in der Geisterwelt des Todtenreichs die Auflösung ihrer menschlichen Individualität ins allgemeine Naturleben der Oberwelt mit seinem ewigfrischen Blühen und Wachsen, seinem heitern Sichregen und Bewegen vorziehen.

Von dem Theil des Mädchenchors, der sich demgemäß in
Nymphen des Weinstocks verwandelt, wird zum Schluß die
fröhlich derbe Lebenslust, wie sie sich im Alterthum an den
Dienst des Weingottes Dionysos knüpfte, in möglichst leben=
digen und starken Farben gepriesen, natürlich nicht, wie
Dünzer glaubt, dem auch hier wieder die Revolution in
den Gliedern steckt, um den Untergang griechischer Sitte und
Kunst durch die Wildheit und Ueppigkeit des Bacchusdiensts
zu beschreiben, sondern um das ächt antike Gefühl der Freude,
daß sie dem finstern Hadesleben entronnen und dem heitern
Tagesleben zurückgegeben sind, in aller Kraft sich aussprechen
zu lassen. Das antike Bewußtsein näherte sich für einen Augen=
blick dem modernen, aber die Vereinigung war kurz; man
hat erkannt, daß man nicht zusammengehört, der antike Geist
kehrt zu sich selbst zurück und spricht in kräftigen Worten
und Rhythmen aus, daß er er selbst bleiben will in seiner
wenn auch geistig tiefer stehenden so doch gesunden Natur=
freudigkeit; damit ist der beste Abschluß gewonnen, der gesun=
den werden konnte.

Unnütze Wortverschwendung wäre es, auf eine ausführ=
liche Nachweisung des Gezwungenen Geschraubten Widerspruch=
vollen in dieser Helena einzugehen. Das Drama schreitet
einher in dem gemessenen Gang hellenischer Maaße, es ahmt
hellenische Feierlichkeit und Würde, hellenischen Vollklang der
Worte und Sätze nach, es ist (das phantastisch allegorische
Drama einmal zugegeben) gar nicht ohne theatralische Wir=
kung; aber etwas Ungriechischeres ist nie geschrieben worden
und wird nie geschrieben werden, als dieses gekünstelte, nicht
nur phantastische, sondern auch unklare, in der Einführung
der deutschen Stämme unnöthige Unwahrscheinlichkeiten häu=
fende, ebenso durch Einführung des Euphorion-Byron aller

und jeder Einheit der Zeit Situation und Individualität spot=
tende und doch zum Behuf des Abschlusses diese Doppelfigur
kaum entbehren könnende Produkt. Vom Jahr 1778 bis
1827 quälte sich der Dichter mit dieser Helena; aber etwas
Kluges ist nicht aus ihr geworden. Wol versöhnt er uns
durch viele Einzelschönheiten; das Loblied auf den Peloponnes
mit seiner unendlichen Gefühlsfrische, seinen herrlich plastischen
Naturschilderungen, der Schwanengesang Euphorion's, das
Klaglied auf Byron, die oben angeführten Strophen, welche
das Romantischmoderne dem Antiken als das Höhere gegenüber=
stellen, die Chorgesänge der Mädchen bei ihrer Verwandlung
in Nymphen, Einzelnes im ersten Theile gehört zu den edelsten
und lebensvollsten Erzeugnissen des göthischen Genius, und
das Ganze, obwol durch das Uebermaaß der Allegorie ver=
dorben, ist im Allgemeinen betrachtet eine in ihrer Art wol=
berechtigte Idylle, eine Idylle im Sinne Schiller's,
ein Gemälde des vollkommen erreichten Ideals, ein Gemälde
eines wenn auch nur augenblicklichen Zusammentretens von
Idee und Natur, Idee und Wirklichkeit zu voller Harmonie;
in Helena, sowie in der ganzen sie umstrahlenden Herrlichkeit
von Hellas, ist die Natur zum Ideal erhoben und wird in dieser
Idealität für Faust zu voller ungetrübt genossener Wirklichkeit.
Sehr gut und wahr ist ferner der den Abschluß herbeiführende
Gedanke, daß Antik und Modern doch zu verschie=
den, zu entgegengesetzt sind, als daß sie eine so innige Ver=
einigung eingehen könnten, wie sie stattfindet zwischen Faust
und Helena, zwischen Mephistopheles=Phorkyas und dem Chor
der Mädchen. Allein dieser an sich richtige Gedanke verurtheilt
auch wieder zwar nicht die ganze Komposition, wol aber die
klassicirende Behandlung derselben. Denn wenn dem so ist,
wenn Antik und Modern nur mit dem Erfolg zusammentreten

können, daß sie ihrer schlechthinigen Unverträglichkeit sich bewußt werden, ist es dann dem modernen Dichter gestattet, über moderne Stoffe antik zu dichten, als ob das Antike auch für die moderne Zeit das Höchste, als ob eine Verschmelzung des Alten und Neuen, ja eine Unterordnung des Letztern unter das Erstere möglich, geschweige denn schön sein könnte? sollte er nicht in seiner Sphäre bleiben, wie das Antike in der seinigen? Das ganze Werk ist somit ein warnendes Denkmal der einseitigen, dem Dichter selbst bei genauerer Ausführung sich wieder zu Nichts auflösenden Ueberschätzung des Antiken, die sich seiner bemächtigt hatte, obwol es freilich gar nicht zufällig, sondern wolbegründet ist, daß gerade Faust, das absolut moderne Drama, es war, wo dem Antiken neben der begeistertsten Lobpreisung schließlich doch ein entschiedener Absagebrief geschrieben wurde.

Eine Zeit lang scheint Göthe nicht diese direkt antike, sondern ähnlich wie in der Walpurgisnacht eine humoristische, obwol natürlich zugleich ernstere, lyrisch empfindungsvollere Behandlung im Sinn gehabt zu haben. Schiller schreibt ihm im Jahr 1800: „Lassen Sie sich ja nicht durch den Gedanken stören, wenn die schönen Gestalten und Situationen kommen, daß es schade sei, sie zu verbarbarisiren; das Barbarische der Behandlung, das Ihnen durch den Geist des Ganzen auferlegt wird, kann den höhern Gehalt nicht zerstören und das Schöne nicht aufheben; es ist ein sehr bedeutender Vortheil, aus dem Reinen ins Unreine zu gehen, anstatt einen Aufschwung von dem Unreinen zum Reinen zu suchen, wie es bei uns übrigen Barbaren der Fall ist; Sie müssen also in Ihrem Faust überall Ihr Faustrecht behaupten". Wäre diese heitere leichtere barbarische Behandlung wirklich ausgeführt, wäre das Ganze nicht so hyperantik, so schwer und

breit hochfeierlich geworden, wäre das somnambüle Wesen der
Helena ferngeblieben, wäre die Situation natürlicher gehalten,
statt die Zeiten des trojanischen Kriegs mit dem Mittelalter
zusammenzuzwingen, spräche demgemäß aus Helena wirkliche
Empfindung über ihr wunderbares Geschick, abermals die
Welt und zwar eine ganz veränderte Welt zu sehen, sprächen
ebenso Faust und seine Ritter eine natürlichere Sprache der
Liebe und Verehrung, wäre nicht auch hier das Meiste so
gesucht, so superlativisch, so reflektirt und gemacht, wären alle
zu weit getriebenen und zu weit verfolgten Unwahrscheinlich=
keiten, die dem Gedicht den leichten Duft des Phantastischen
ganz abstreifen, der Angriff des Menelaus, die Vertheilung
des Peloponneses unter die Germanen und der Lord Byron,
weggeblieben, so ließe sich das Werk recht gut hören und
hätte eine der interessantesten Dichtungen werden können;
aber so wie jetzt die Dichtung ist paßt sie in den Faust
nicht und kann im allgemeinen Bewußtsein nie Anklang
finden; sie ist zu absichtlich und ernst, um phantastisch zu
sein; gerade dieß, daß sie nicht wie sie sollte ein leichtes
poetisches Gewebe, sondern in aller Willkür viel zu ernst
und schwer ist, ist ihr Hauptfehler; man fühlt sich, wenn
man sie gelesen hat, wie Panthalis ordentlich erlöst von pein=
lichem Geisteszwang, man athmet wieder frei auf, als ob der
Druck eines unheimlichen Traumes von einem genommen
wäre. Ich räume ein: es lag nahe, die Helena ihre antike
Heimath auf der Oberwelt noch vorfinden zu lassen, es war
schwer die „Einheit der Zeit“ festzuhalten, die antike Heldin
ins Mittelalter herabzurücken, die phantastische Behandlung
läßt die allergrößten Anachronismen und Wunder zu; aber
wenn der Dichter einmal noch den weitern Anachronismus
sich erlaubte, auch den neugriechischen Freiheitskampf in sein

Gedicht mit hereinzuziehen, warum hielt er sich nicht geradezu an diese Alterthum und Neuzeit so ganz natürlich zusammen= flechtende Situation, warum arbeitete er das Ganze schließlich nicht so um, daß Helena's Wiedererscheinen auf der Oberwelt mit dem Wiedererwachen der hellenischen Nation (das ganz gut ins Mittelalter rückwärts verlegt werden konnte) in einen idealen Zusammenhang gebracht, ihr idyllisches Zusammensein mit Fauſt durch den wirklichen Ausbruch des Kampfes, durch den Hinweggang Euphorion's zu demselben getrennt und da= durch auch diese so wie sie ist keinenfalls zu rechtfertigende phantaſtiſche Doppelfigur wahr und lebensfähig wurde?

VI. Der vierte Akt.

Der vierte Akt beginnt nach einem schön und ächtpoetisch empfundenen und ausgeführten letzten Rückblick Faust's auf die ihm jetzt entschwindende Welt der Schönheit und der Liebe mit einem Zwiegespräch zwischen ihm und Mephistopheles, das ganz danach aussieht, als ob uns der Dichter auch jetzt wieder mit dem unerquicklichen Streit über Neptunismus und Plutonismus plagen wollte. Doch läuft die Sache diesmal ziemlich gütlich ab, und wir werden fortan für die gelehrte Gedankenpoesie der vorangehenden Akte reichlich entschädigt durch unerschöpfliche Ströme von ironischer Satyre, welche direkt und indirekt über moderne Civilisation Großstädterei Moralität, leider auch über deutsche Angelegenheiten, deutsches Reich und Regiment, deutsche Einigkeit und Stärke, goldne Bulle, hierarchische Uebergriffe ausgegossen werden. Anlaß dazu gibt, daß Faust jetzt das Schwärmen und Schweifen in der Welt genug hat und zu bestimmter fruchtbarer Thätigkeit überzutreten sich entschließt, für welche er sich zunächst innerhalb der vorhandenen politischen Ordnung einen Ort aussuchen muß. Auf seiner Luftfahrt von Hellas nach Deutschland hat er in der Habria eine lange Küstenstrecke bemerkt, welche für die Kultur gewonnen werden könnte, wenn man nur versuchen wollte das Spiel der Ebbe und Fluth von den zu flachen Ufern die sie bespülen auszuschließen;

dieses zwecklose, „nichts leistende", wo Alles fruchtbar blühen
könnte Unfruchtbarkeit stiftende Spiel der Elemente verdrießt
ihn; er will jetzt, nachdem er genug geforscht genossen und
gesehen, nachdem er alle theoretischen und ästhetischen Bedürfnisse befriedigt hat, endlich auch einmal handeln, selbst ins
Weltgetriebe eingreifen, er will selbst produciren und schaffen,
wie er vor Zeiten „durch die Adern der Natur zu fließen
und schaffend Götterleben zu genießen" sich gesehnt hatte;
dieses Streben selbst etwas hervorzubringen, statt anschauend
und genießend im Objekte sich zu verlieren, ist jetzt, da die
Welt hiefür ihm nichts mehr bieten kann, weil sie ihm ihr
Schönstes bereits geboten hat, wieder mit aller Macht in ihm
rege und läßt ihm keine Ruhe, es soll etwas geleistet werden,
und zwar etwas Großes, „erhaben Kühnes", da das „Gemeine" ihm nie und besonders jetzt nicht genügt, wo er „von
Heroinen kommt"; darum ergreift ihn unwiderstehlich der
Gedanke das unfruchtbare Meer zu bändigen, die Räume für
menschliche Thätigkeit zu erweitern, die Elemente zu besiegen
und sich unterthan zu machen. So sehr prosaisch, wie ihn
Vischer charakterisirt, wenn er sagt „Faust wird endlich Hol-
länder", ist der Gedanke nicht; es ist zu bedenken, daß es
für Faust vermöge seiner ganzen Anschauungsweise einen romantischen Reiz hat, mit der Natur einen Kampf zu wagen,
die praktisch zu besiegen, die theoretisch sich ihm verschloß, man
muß erwägen, daß es so unpoetisch nicht ist, ein Ostfriesland
in schöner südlicher Natur, ein Venedig zu gründen; mit
Recht hat Simrock [22]) Faust mit den Heroen der Sage
verglichen, welche verheerende Naturgewalten besiegen; auch in
der griechischen Mythologie spielen verwandte Wirkungen und
Unternehmungen keine geringe Rolle, die nun dort allerdings
poetischer gefaßt, in Kämpfe eines Apollon Herakles Theseus

mit Ungeheuern eingekleidet sind; aber Faust ist eben ein moderner Held, von dem mit aller Kunst die Prosa nicht schlechthin abgewehrt werden kann. Zugleich will Faust frei sein, den „modernen, schlechten", unruhvollen, „sarbanapalischen" Weltzuständen fern bleiben, er will sich eine eigene Welt schaffen; mag das pessimistisch sein, so ist ja ein ganzer Charakter wie Fauft gar nicht ohne die Voraussetzung von Weltzuständen möglich, die den Pessimismus wenn auch nicht zu rechtfertigen, doch in einem Geist wie der seinige hervorzurufen geeignet sind. Von Anfang an war er seiner Zeit voraus, stand er einsam in ihr da; hiebei hat es auch ferner sein Bewenden. Und was die Hauptsache ist: Fauft fühlt jetzt auch das Bedürfniß endlich einmal zu fester Existenz zu kommen, „Eigenthum zu gewinnen"; das ist dem Wanderleben gegenüber freilich unpoetisch, aber es ist das nothwendige Endergebniß des Bisherigen, wie wir bei der Betrachtung des dramatischen Entwicklungsgangs des Ganzen noch näher sehen werden.

Die Anarchie in Deutschland macht es Fauft leicht, zu seinem Zwecke zu gelangen. Er besiegt durch Mephistopheles' Zauberkünste einen Gegenkaiser und empfängt dafür „die Lehn vom grenzenlosen Strande". Mag es scheinen, daß auch hier Alles zu leicht und luftig hergehe, daß es edler und bedeutender wäre, wenn Fauft ernstlich in die große Politik eingriffe, statt durch Spuck und Trug des Teufels Erfolge zu erringen, so ist zu bedenken, daß er den Teufel nun eben einmal zur Hand hat, und daß auch eine Wahrheit darin liegt, gegen etwas an sich so Unberechtigtes und Aermliches, wie in der Regel solche nur zur Vermehrung der Wirren dienende Gegenkaiser es waren und auch dieser es ist, blos Scheinwaffen aufzubieten, ihm die Ehre wirklicher Bekämpfung

gar nicht anzuthun. Die Frage, ob und wie allerdings von
hier aus späterhin auch eine ernstlichere politische Thätigkeit
Faust's hätte Platz finden können, ist schon früher besprochen
worden.

Die Ausführung ist in kräftiger, meist klarer Sprache,
in durchaus poetischer Freiheit und Heiterkeit der Stimmung
gehalten. Selbst die drei „allegorischen Lumpen" Raufebold,
Habebald, Haltefest nebst Frau Eilebeute stören nicht; sie sind
deutsche Lanzknechte, alle drei mephistophelisch unheimlich, aber
durchaus charakteristisch individualisirt. Der Dichter, der das
deutsche Reich in seiner ganzen unbehülflichen und machtlosen
Pracht noch mit Augen sah, durfte dasselbe gewiß auch auf
die Bühne bringen, und er hat dieß mit einer Anschaulichkeit
gethan, welche es nur bedauern läßt, daß er nicht auch sonst
mehr dergleichen tragikomische historische Dramen unternommen hat.

VII. Der Schluß.

Die Entzweiung kann nicht ewig währen, die Ver=
söhnung muß endlich herankommen als die reife Frucht der
vielverschlungenen Kämpfe des Lebens. Sie ist die höchste,
ja einzige Idee, um die es sich eigentlich handelt, sie ist die
Idee vor Allem der neuern Zeit, der neuern Weltanschauung
und Philosophie, deren Grundtendenz es ist, die Gegensätze
des Daseins nicht als absolute feste unlösbare, sondern als
flüssige Momente, als Durchgangspunkte zu fassen, aus welchen
die immanente Harmonie der Dinge sich immer wieder her=
stellt, die Welt nicht als ein zielloses Chaos von Wider=
sprüchen, das Leben nicht als ein blindes Verhängniß, sondern
als eine Entwicklung zu betrachten, welche physisch und geistig
ihre Kämpfe, aber auch ihre Resultate hat, in welcher schließlich
etwas zu erreichen, etwas wahrhaft Befriedigendes zu gewinnen
ist. Auch bei Faust mußte, wenn das Gedicht einmal so
weit geführt wurde, wie es geschehen ist, die Versöhnung als
letztes Ergebniß wirklich eintreten. Faust soll ja von Anfang
an nicht untergehen; er verfällt zwar der Entzweiung, weil
er über die Schranken menschlicher Berechtigung und Kraft
hinausstrebt und vor den äußersten und gefährlichsten Mitteln
seinem Streben Befriedigung zu schaffen nicht zurückschreckt,
ja er will in gewissem Sinn eine Versöhnung selber nicht,
weil er in seinem Unmuth dem Leben nicht zutraut, daß es
ihm eine solche zu bieten im Stande sei, allein er muß des=

ungeachtet zu einer Versöhnung gelangen selbst wider eigenen
Willen, er muß zur Versöhnung kommen sowol im subjektiven
als im objektiven Sinne: im subjektiven Sinne, weil,
sobald er seine Kraft vernünftig und zweckmäßig gebraucht,
die Einsicht sich ihm aufdrängen muß, daß das Leben nicht
schlecht, nicht der Verfluchung werth ist, daß es vielmehr Demjenigen genug bietet, der es anfassen, seinen Bedingungen sich
fügen, der Natur der Dinge gemäß etwas in ihm wirken
will; im objektiven Sinne aber, sofern er selbst von
der Zeit an, da er in vermessenem Unmuth die Hülfe des
bösen Princips in Anspruch nahm, um schrankenlos sich Alles
anzueignen, doch innerlich sich ihm nicht unterworfen, sondern
an dem Grundsatz durch unermüdlichen Kraftgebrauch etwas
Rechtes aus sich zu machen festgehalten, also mit der sittlichen
Ordnung nicht völlig gebrochen hat und zudem nun am Ende
auch seine Undankbarkeit gegen die Natur, seine Verfluchung
der Wirklichkeit als Unrecht von ihm anerkannt ist. Vischer
sagt: die Versöhnung kann nur als Perspektive in Aussicht
gestellt werden, theils weil Faust überhaupt nicht der Held
der Versöhnung, sondern der Entzweiung ist, theils weil die
Darstellung der Versöhnung als eines ruhenden fertigen Zu-
standes ebenso philosophisch unwahr als poetisch matt wäre.
Allein auch der Held der Entzweiung kann zur Versöhnung
gelangen, und Faust insbesondere muß es, da er einmal hierauf angelegt ist. Und was die Darstellung hievon betrifft,
so steht weder von der Seite der Philosophie noch von der
der Poesie Dem etwas entgegen, daß Faust endlich als subjektiv ausgesöhnt mit der einst von ihm verfluchten Wirklich-
lichkeit, als zur Erkenntniß des Irrthums gekommen dargestellt
wird, welcher darin lag, sie verflucht und deswegen ihre
Schranken durch den Teufelsbund gewaltsam durchbrochen zu

haben. Ist aber Faust zu dieser Erkenntniß gelangt, hat er
zudem vorher schon dem Bösen „kräftig widerstanden", indem
er trotz aller gewaltsamen Ueberhebung doch sich selbst und
seiner menschlichen Bestimmung zu unermüdlichem Vorwärts=
streben nicht untreu ward: so ist er auch objektiv oder der
sittlichen Ordnung der Dinge gegenüber versöhnt, so ist diese
Versöhnung das wirkliche Resultat; ist sie aber das Resultat,
so muß sie auch dichterisch dargestellt werden, wenn das Ge=
dicht nicht unnöthiger Weise ein Fragment bleiben will. Aller=
dings aber wird sich der Dichter hüten müssen, diese (objektive)
Versöhnung nicht unpoetisch quietistisch, ja überhaupt nicht
mit zu bestimmten Zügen zu schildern, er wird sich begnügen,
Faust als von der sittlichen Weltordnung in seinem guten
Streben anerkannt, seine Rückkehr aus dem großen Irrthum
als von jener Seite her bestätigt, die Wette als zu Faust's
Gunsten entschieden darzustellen. Blos darum handelt es sich,
das positive versöhnende Resultat, das Faust's Leben bei seinem
Abschluß gehabt hat, auch poetisch zu fixiren; weitere meta=
physische Fragen, ob die Reinigung und Versöhnung eine ab=
solute und ewige, ob ein in alle Ewigkeit ruhender Zustand
ohne alle Entzweiung möglich sei, kümmern den Dichter nicht,
er ist damit zufrieden, daß Faust seinen Irrthum erkannt
und hiemit sein Leben ein positives Endergebniß gefunden,
ein versöhnendes Ende erreicht hat.

Sehen wir jetzt näher zu, wie der Dichter im fünften
Akte Faust's Versöhnung, sowol subjektiv seine endliche Wieder=
aussöhnung mit Welt und Leben, seine Einsicht seines Un=
rechts, als objektiv die Anerkennung Faust's von Seiten der
sittlichen Weltordnung als eines auch mit ihr Versöhnten,
dargestellt hat. Beides vertheilt sich unter die zwei Haupt=
theile, in welche der Akt zerfällt.

Wie Alles bei Fauft, so kommt auch seine Wieder=
ausföhnung mit dem Leben, seine Einsicht, daß er
gefehlt, nur unter heftigen Kämpfen und Erschütterungen,
nur durch eine abermalige tragische Verwicklung zu Stande,
die er noch am späten Abend seines Lebens halb mit halb
ohne Schuld durchmachen muß.. Zunächst hat er seine weit=
ausfehenden Pläne glücklich verwirklicht und ist nahe daran,
seine Schöpfungen in durchaus befriedigender Weise vollendet
zu sehen. Allein die alte Ungeduld, die gerade bei so naher
Aussicht auf volle Erreichung eines so lange angestrebten
Zieles schnell auch die letzten noch vorhandenen Hindernisse
wegräumen möchte, bewirkt, daß zwar nicht nach Fauft's Ab=
sicht, aber durch ihn veranlaßt schweres Unrecht gegen unbe=
queme Nachbarn verübt wird von Mephiftopheles, der bereits
auch sonst Fauft's hochsinnige· Pläne getrübt, z. B. seine
Meer= und Handelsfahrten durch·schnöden Seeraub beschmutzt
hat, weil er natürlich jetzt, wo es immer klarer wird, daß
Fauft auf die Seite des Guten sich geschlagen hat, wieder
seine tückisch böse Natur gegen ihn herauskehrt. In Folge
dieser schlimmen Früchte seines Bundes mit der Geisterwelt
kommt es nun endlich dahin, daß Fauft mit vollster Bestimmt=
heit diesen Bund als einen nur Unheil und Verderben brin=
genden anerkennen muß. Er spricht selbst das Verwerfliche
eines Verhältnisses aus, das bei allen Vortheilen dem Men=
schen keine Ruhe, keine Sicherheit vor bösen Erfolgen, keine
reine selbstständige naturgemäß menschliche Thätigkeit gestattet,
er erkennt, daß er um die Welt zu·genießen und etwas
Großes in ihr zu leisten ein verkehrtes Mittel gewählt hat,
er wünscht die Magie hinweg, er wünscht sich zurück in ein
einfach menschliches Dasein, das obwol beschränkt doch klar
rein und frei von Versuchung zum Mißbrauch außerordentlicher

Kräfte und so wahrhaft beglückend ist: „Stünd' ich, Natur,
vor dir ein Mann allein, da wär's der Mühe werth ein
Mensch zu sein." Dazu aber ist es nun nicht mehr Zeit.
Faust's Laufbahn ist vielmehr abgeschlossen; der Dämon des
Todes, den er durch ein Wort unvorsichtigen Unmuths seinen
Nachbarn zugesandt, hat sich bereits gegen ihn selbst gewendet,
und Faust's thatenvolles Leben geht zu Ende, nachdem er
allerdings Alles erreicht hat, was sich auf seinem Wege erreichen ließ, nachdem er aber zugleich hat einsehen müssen,
daß der Weg nicht der rechte war; er hat das Berechtigte der
gegebenen Ordnung der Dinge, das Berechtigte der Schranken,
welche sie dem Individuum auferlegt, zugestanden, er hat seinen Unmuth gegen sie zurückgenommen, er freut sich wol zugleich des Großen, das er auch auf seinem Wege geleistet,
aber das Verderbliche dieses ihn mit den natürlichen Verhält-
nissen nur entzweienden Weges muß er bitter fühlen, ehe
seine Laufbahn schließt. Hierauf folgt der Schluß des
Ganzen. Mephistopheles glaubt auf Faust's Seele ein
Recht zu haben, weil er den Dienstvertrag gehalten hat; aber
sie wird ihm entrissen; denn die Liebe von oben befreit Faust
mit Rücksicht darauf, daß er dem bösen Princip immer zugleich auch Widerstand geleistet und das Ziel wahrer menschlicher Entwicklung nie aus den Augen verloren, sondern un-
verdrossen sich bemüht hat was der Mensch vermag zu leisten,
sich selbst immer strebend zu erhalten, statt im Genusse die
edle Kraft des Geistes erschlaffen zu lassen; der Himmel läßt
den Satansmeister und seine Knechte verjagen, Faust wird
nach oben gehoben zu neuem kräftigem von Erdenschlacken
gereinigtem Dasein. Vor seinem Tode ist Faust zum wahrhaft
Versöhnenden, zur Verzichtleistung auf alles übermüthige
Hinauswollen über die Schranken der Endlichkeit, zur Verzicht-

leiſtung auf das ſelbſtiſche Wollen, das ſich Alles unterzu=
ordnen trachtet, zurückgekehrt; nach dem Tode folgt auf dieſe
innere Befreiung und Reinigung auch die äußere Anerkennung
derſelben von Seiten der ſittlichen Weltordnung, eine äußere
Anerkennung, deren ausdrückliche Ausſprechung als nothwen=
biges Gegenſtück theils zum Prolog im Himmel theils zum
Vertrage Fauſt's mit dem Teufel poetiſch unentbehrlich war.

Gegen den **erſten Theil des Akts** wird ſelbſt von der
ſtrengſten Kritik nichts einzuwenden ſein; er iſt, wenn auch
ſcheinbar im Unbedeutenden und Kleinen, tief tragiſch und
eben als ſolcher ganz an ſeinem Orte. Alles ſchien in Ord=
nung, Alles auf's Schönſte zubereitet; aber gerade da ſchießt
noch einmal eine bittere Saat der ſchlimmen That empor,
„das alte Wort, das Wort erſchallt: Gehorche willig der
Gewalt, und biſt du kühn, und hältſt du Stich, ſo wage
Haus und Hof und — Dich", rufe die böſen Gewalten nicht,
wenn du dich ihnen nicht unterthan machen willſt, rufſt du
ſie aber, ſo ſei gefaßt von ihnen ſelber ins Unrecht mit hin=
eingezogen zu werden! Am Ende einer langen großen Lauf=
bahn will man nicht noch Gewaltthat üben, man will, daß
Alles ſich abwickle ohne Störungen und Uebergriffe; auch
Fauſt will es, aber Mephiſtopheles will es anders und thut
es auch Fauſt's Ungebuld mißbrauchend. Zum ächt Tragiſchen
gehört ſodann auch dieß, daß der große Geiſterbanner Fauſt
für ſeine Gewaltthat nun auch durch Geiſter ſeinen Lohn
erhält; aus dem Qualm der Mord= und Brandſtätte ent=
wickeln ſich rächende Qualgeiſter und ſchweben zu Fauſt heran,
die „Sorge" beraubt ihn des Augenlichts, des Allererſten,
was der thätige Mann bedarf, desjenigen was er ſchmerzlich
entbehren würde, wenn er noch länger zu leben und zu wir=
ken hätte, der „Tod" lauert auf den Moment, wo Fauſt die

Nähe des Endes unwillkürlich fühlend sein Werk im Geist vollendet sieht und in dem freudigen Vorgefühl hievon „den höchsten Augenblick genießt", somit auf den Moment, wo dem Vertrag zufolge Mephistopheles seines Dienstes frei und für Faust die Zeit vorbei sein soll. Trefflich ist sodann in derselben Scene Faust selbst gehalten, wie er einerseits das Verkehrte davon, daß er das Glück des Lebens „im Düstern", im Bund mit Geistern suchte, unumwunden einsieht, wie er aber andrerseits, nachdem er hiemit pflichtgemäß den alten Geistern abgesagt, nun im Gefühl seines Rechts auch gegen die neuen, gegen die Qualgeister entschlossen standhält und selbst durch Erblindung von seiner begonnenen Thätigkeit sich nicht abbringen läßt. In edler Männlichkeit gesteht Faust sein Unrecht ein, in männlicher Standhaftigkeit beharrt er auf seinem Wege auch dem Unglück gegenüber, wie er früher durch das Glück sich nicht zur Schlaffheit und Selbstgefälligkeit verleiten ließ. Daran schließt sich endlich gleich schön seine letzte Rede an, in welcher er wiederum hofft, Wohnung geschaffen zu haben für ein Volk, das, weil es nie ganz sicher sein wird vor dem Drohen des verheerenden Elements, ebendadurch allezeit zur Thätigkeit und Wachsamkeit, zur Vereinigung aller seiner Kräfte angespornt sein und dadurch vor Erschlaffung bewahrt, tüchtig und frei sein wird.

Der **zweite Theil** des Akts ist für viele Beurtheiler „gar zu gothisch" ausgefallen; auch tadelt man, daß der sonst so gut protestantische Faust katholisch schließe [23]). Aber gothisch ist auch sonst im Faust Alles vom Stubirzimmer an (mit Ausnahme nur der Helena), und er selbst ist nicht Protestant, sondern skeptischer Pantheist, pantheistischer Skeptiker, er steht in Einer Reihe mit ähnlichen pantheistischen Vorläufern und Zeitgenossen der Reformation, welche bereits auch die Philosophie

und Aufklärung des siebzehnten und achtzehnten Jahrhunderts
in so manchen Stücken anticipirten, daher mit Recht und Fug
sachlich Faust Repräsentant der Aufklärung sein konnte, ob=
wol er chronologisch früher als sie fällt. Wo sollte der Dichter
konkrete Farben und Züge hernehmen für seine Schilderung,
als aus der „Gothik", aus dem Heiligenglauben des Mittel=
alters? Namentlich die Mater gloriosa durfte nicht wol
fehlen, weil an sie besonders die Herstellung Gretchen's und
ihre Vereinigung mit Faust sich allein passend knüpfen ließ.
Und wo ist auf der andern Seite von einem neuern Dichter
der ascetische Buß= und Liebesschmerz des Mittelalters, wo
die glühende Begeisterung seiner Marienverehrung trotz mancher
sprachlicher Härten treffender und großartiger reprobucirt wor=
den, als es hier in den Reden des Pater ecstaticus und
profundus und vor Allem in denen des Doctor Marianus
geschieht? wo war es mehr am Platze, daß auch die Sehnsucht
nach Reinigung und Versöhnung ausgesprochen wurde als in
diesem Gedichte, das die Verstrickung des Geistes in „der
Gelüste Ketten" und den ganzen Jammer derselben so ergrei=
fend schilderte, und wie konnte jene Sehnsucht besser ausge=
sprochen werden als im Anschluß an die klassische Zeit asce=
tischer Mystik, d. h. an das Mittelalter? Ein formell poe=
tischer Widerspruch ist allerdings da: die transscendente Welt
des Glaubens tritt hier, wie im Prolog, in den Farben der
lebendigsten Wirklichkeit auf, während sie für Faust selbst
während seines Lebens so gut als nicht mehr vorhanden ge=
wesen war und gerade der Zweifel an ihr einen der Aus=
gangspunkte seines ganzen unbefriedigten Strebens gebildet
hatte. Aber zur Milderung dieses Widerspruchs deutet ganz
passend der Schluß an, daß die Sache selbst „unbeschreib=
lich", daß die ganze Erhebung Faust's nach oben mit Zügen

geschildert sei, die als der Welt des „Vergänglichen" ent=
nommen nur ein „Gleichniß" sind und sein wollen, und daß
somit nur Eines als der bestimmte Sinn der ganzen Schil=
derung festgehalten werden solle: „das ewig Weibliche zieht
uns hinan", das heißt: es gibt im Universum eine ewige
Schönheit und eine ewige verzeihende Liebe (Beides vorher
personificirt in der Mater gloriosa), nach welcher es uns
Alle aus den Kämpfen mit den Härten der Welt und der
eigenen Verschuldung emporzieht, es gibt eine Versöhnung
(wie sie nun auch näher' sei), welche für Alle (und so auch
für Faust) das beruhigende Ziel alles Ringens, das Ende
aller Entzweiung ist, es ist so, daß nicht Entzweiung, sondern
Versöhnung, nicht Mißklang, sondern Harmonie das Letzte,
das schließliche Ergebniß von Allem ist, obwol dieses Ziel
der Versöhnung innerhalb des menschlichen Daseins niemals
ganz erreicht werden kann und daher nie schon voller Besitz,
sondern stets noch Gegenstand der Sehnsucht ist. — Alles
Einzelne der jedenfalls sehr weitläufigen Ausführung will
ich keineswegs vertreten, namentlich nicht den Zug, daß Faust
„seligen Knaben" zugesellt wird, die er aus dem reichen
Schatze seiner Lebenserfahrungen „lehren" soll; damit ist schon
zu konkret auf Jenseitiges eingegangen; allein in der Haupt=
sache ist nicht abzusehen, wie das Ganze viel anders hätte
gestaltet werden sollen. Der Absprung von Faust's Auftreten
im ersten Theil des Akts, namentlich von seinen Aeußerungen
über das Jenseits, ist allerdings etwas stark; es fragt sich,
ob zur Entschuldigung Faust's von den Engeln nicht mehr
hätte ausdrücklich gesagt, und ob seine Verklärung und Ver=
einigung mit der Frühgeliebten nicht hätte weiter in die Ferne
der Zukunft hinausgeschoben werden sollen.

Zum Besten im Faust gehört dagegen der Kampf

zwischen den Engeln und Teufeln um die Seele des Helden. Die brutalen dummen Teufel, die Mephistopheles berufen hat, werden mit Gewalt verjagt durch die Flammen= kraft der himmlischen Rosen, welche (mittelalterlicher Allegorie gemäß) die Engel von oben herabgebracht, um durch das in ihnen verborgene reine himmlische Läuterungs= und Liebesfeuer Faust's Seele neubelebt gereinigt zu höherem Dasein wieder= geboren nach oben zu heben; gegen die gemeinrohen Satans= knechte, welche dieses Werk hindern wollen, wird diese Flammen= kraft das Entgegengesetzte von Demjenigen, was sie für Wesen von guter Art ist, die Reinigung wird für sie Peinigung, die Läuterung brennende Qual, die Liebesflamme stechende Gluth, vor deren Schmerzen sie zurückfliehen in die Hölle; das himmlische Reinigungs= und Liebeselement ist so durchaus unverträglich mit dem stumpfen und dumpfen, für alles Hö= here schlechthin unempfänglichen Wesen dieser Teufelsknechte, daß es für sie, wenn es in Berührung mit ihnen kommt, ein durchaus Frembartiges, Unerträgliches wird, an dem sie nicht die belebende und heilende, sondern nur die unwiderstch= lich eindringende, peinlich fassende und durchglühende Kraft verspüren. Nicht so einfach ist der Hergang bei dem gescheiten geistigen Teufel, bei Mephistopheles. Vermöge seiner geistigern Art ist er für eine tiefere Wirkung jener Flammenkraft nicht schlechthin unempfänglich; sie erzeugt in ihm wirklich Dasselbe, was sie in gutartigen Naturen erzeugt, Erweichung, Schmelz, Gluth der Liebe; aber während es bei letztern die Liebe zum Reinen und Hohen ist, welche die Seele vom Irdischunreinen hinweg nach oben hebt, verkehrt sich bei ihm vermöge seiner Natur diese Liebe unmittelbar zu sinnlich diabolischer Begehr= lichkeit, die ihn den Engeln gegenüber wehr= und thatlos macht, so daß die Befreiung von Faust's Seele ohne ernstlichen

Widerstand von seiner Seite von Statten geht. Der „Klug-
erfahrene" wird durch seine Schlechtigkeit zum Thoren, der
sich seinen Schatz ohne Gegenwehr rauben läßt; dadurch ist
die Besiegung des Mephistopheles ganz seiner Natur, zwar
sehr gescheit, aber doch noch schlechter als gescheit zu sein, an-
gemessen. Eine gewagtere und gelungenere Mischung von
Erhabenheit und Komik, von Ernst und burleskem Humor
als in dieser Scene hat die neuere Poesie nirgends aufzuweisen.

VIII. Fauſt und Mephiſtopheles. Die Idee des Ganzen.

Die Frage: was iſt Fauſt? was Mephiſtopheles? was Sinn und Abſicht des Ganzen? bedarf noch einer beſonderen Beſprechung. Denn obwol es ſich nachweiſen läßt, daß die Hegel'ſche Philoſophie einſt die größten Verdienſte um die begriffliche Auffaſſung des Weſens des Göthiſchen Fauſt ſich erworben hat, daß ſie lange Zeit die einzige Zeitrichtung war, welche einen Fonds wiſſenſchaftlich entwickelter geiſtiger Anſchauungen beſaß, wie er nöthig war um an das Werk begreifend heranzukommen, ſo hat ſich doch aus jener Epoche her noch lange ein Reſt einer falſchen Allgemeinheit und einer verfehlten Anwendung des Immanenzprincips jener Philoſophie forterhalten, dem vollends den Abſchied zu geben ebenſo im Intereſſe der Fauſterklärung als der Philoſophie ſelbſt ſein möchte.

Der Dichter ſelbſt äußerte ſich bekanntlich nur wenig über Sinn und Zweck ſeines Werks. Er ließ einmal bei Gelegenheit der Ankündigung der Herausgabe des zweiten Theils im Jahr 1827 drucken: „Fauſt's Charakter ſtellt einen Mann dar, welcher, in den allgemeinen Erdenſchranken ſich ungeduldig und unbehaglich fühlend, den Beſitz (?) des höchſten Wiſſens, den Genuß der ſchönſten Güter für unzulänglich achtet, ſeine Sehnſucht auch nur im Mindeſten zu

10 *

befriedigen, einen Geist, welcher deshalb nach allen Seiten
hin sich wendend immer unglücklicher zurückkehrt." Sicher
wollte er mit dieser mehr auf die erste als auf die zweite
Bearbeitung zutreffenden Erklärung nichts Erschöpfendes sagen;
aber in Einem Punkte war es ihm gewiß ernst, daß er nämlich einen „Charakter" und zwar einen Charakter von sehr
bestimmter Art hatte darstellen wollen. Diese Fassung kehrt
auch in einer andern Aeußerung aus Anlaß einer französischen
Uebersetzung des ersten Theils wieder: „Ich werde erinnert
an jene Zeit, wo dieses Werk ersonnen, verfaßt und mit ganz
eigenen Gefühlen niedergeschrieben worden. Den Beifall, den
es nah und fern gefunden, mag es wol der seltenen Eigen-
schaft schuldig sein, daß es für immer die Entwicklungsperiode
eines Menschengeistes festhält, der von Allem, was die Menschheit peinigt, auch gepeinigt, von Allem, was sie beunruhigt,
auch ergriffen, in dem, was sie verabscheut, auch befangen
und durch das, was sie wünscht, auch beseligt worden." Sehr
energisch erklärt er sich sobann bei Eckermann (III. 171 ff.)
gegen die Versuche, eine „Idee" im Faust zu finden. „Die
Deutschen, sagt er, sind wunderliche Leute! Sie machen sich
durch ihre tiefen Gedanken und Ideen, die sie überall suchen
und überall hineinlegen, das Leben schwerer als billig. Da
kommen sie und fragen, welche Idee ich in meinem Faust zu
verkörpern gesucht. Als ob ich das selbst wüßte und aussprechen könnte! Vom Himmel durch die Welt zur Hölle,
das wäre zur Noth etwas, aber das ist keine Idee, sondern
Gang der Handlung. Und ferner, daß der Teufel die Wette
verliert und daß ein aus schweren Verirrungen immerfort
zum Bessern aufstrebender Mensch zu erlösen sei, das ist zwar
ein wirksamer, Manches erklärender, guter Gedanke, aber es
ist keine Idee, die dem Ganzen und jeder einzelnen Scene im

Befonbern zu Grund läge." Auch Hegel felbft, der freilich
die Fauftdichtung in einer Zeit berührte, in welcher erft das
Fragment vom Jahr 1791 vorlag, war in feiner Phänome=
nologie des Geiftes weit davon entfernt, in derfelben eine
„Idee" zu fuchen; er erkannte vielmehr in Fauft eine be=
ftimmte Stufe der Entwicklung des Selbftbewußtfeins, er
faßte ihn als dasjenige Subjekt, welches mit dem ruhigen
Verharren im Gegebenen, im vorhandenen Wiffen und Gefetz,
mit dem paffiven Dahinleben in Glauben und Sitte unzu=
frieden geworden ift und ftatt deffen vielmehr felbftftändig
fein, die Welt fich zu eigen machen will, welches aber durch
die rückfichtslofe Eigenmacht, mit der es alles Objektive feiner
Luft und Willkür opfert, feine eigene Freiheit an die Luft,
der es huldigt, verliert und die gefuchte Befriedigung fich
felbft zerftört, das Leben ergreift, aber den Tod dafür ein=
taufcht (Fauft und Gretchen), eine Deutung, die allerdings
nicht in Allem zutraf, aber den tragifchen Umfchlag des fau=
ftifchen Eigenwillens in die Unfreiheit der Begierde und in
das Unglück aus eigener Schuld fehr richtig hervorhob.

Ganz hievon verfchieden ließen fich die Nachfolger Hegel's
und auch andere verwandte Stimmen vernehmen. Nach Gö=
fchel [24]) treten in Fauft alle Seiten des Lebens, alle Perio=
den des Geiftes, in welchen er noch nicht zur reinen Erkennt=
niß feiner felbft gelangt ift, nach und nach hervor, er ftellt
dar, wie der Menfchengeift von feinem Urquell abgezogen
dennoch aus feinem Zufammenhang mit ihm nicht heraus=
fallen, vielmehr, fo fehr er fich auch verirrt, dennoch zurück=
kehren kann; ähnlich Hinrichs [25]), obwol noch mit näherer
Anfchließung an die Phänomenologie, und Rofenkranz,
deffen Auffaffung bei aller geift= und gedankenreichen Aus=
führung theils zu allgemein, zu abftrakt philofophifch ift,

indem Fauſt die Tragödie des Geiſtes überhaupt ſein ſoll, theils auch wiederum zu beſchränkt und einſeitig, zu theologi= ſirend, ſofern nach ihm Fauſt vor Allem den titaniſch prome= theiſchen Kampf des Menſchen mit Gott um die Souveränität, den modernen Sündenfall der Wiſſensabſolutheit darſtellt, womit doch Fauſt noch nichts zu thun hat [26]); nach Ca= rus [27]) iſt er die Menſchenſeele in ihrer innern Göttlichkeit, die durch Irrſale ihrer göttlichen Befriedigung mit bewußt= loſem Zug entgegenſtrebt u. ſ. w.; auch bei Viſcher iſt er der Menſch überhaupt, „die ewig ſtrebende, fallende und im Falle lernende und weiter ſtrebende Menſchheit, die ſtrebende Menſchheit, wie ſie den Geiſt der Unendlichkeit und den Geiſt der Erfahrung durch Kampf Schuld Leiden ſoll vereinigen lernen", vom Dichter allerdings zugleich konkreter erfaßt in der nationalen Beſtimmtheit des deutſchen Naturells und in der hiſtoriſchen Beſtimmtheit der ſtrebenden Geiſtesperiode des achtzehnten Jahrhunderts, „da dem Bewußtſein zuerſt ſeine ſubjektive Unendlichkeit aufgieng", oder die ſtrebende Menſch= heit allerdings nicht ohne dieſe Beſtimmtheit einer konkreten nationalen und hiſtoriſchen Lokalfarbe. Auch ſo drückt Viſcher ſeine Anſicht aus, die wie er annimmt im Prolog ausdrück= lich hingeſtellte Grundidee des Ganzen ſei „die große orga= niſche Idee der Entwicklung, wodurch alle Verirrungen der Menſchheit nur als Kriſen eines Ganges erſcheinen, der eine wachſende Fülle und Bereicherung des ſtrebenden, in Gott ewig aufgehobenen Geiſtes darſtellt."

Ich nehme die Gefahr auf mich, als Feind der „Idee" berufen zu werden, indem ich mit Göthe behaupte: weder eine allgemeine philoſophiſche Idee überhaupt noch insbeſondere jene von Fall und Umkehr, von Streben Irrthum und Ver= ſöhnung der Menſchheit ſoll in Fauſt dargeſtellt werden,

obwol der Prolog für sich den Schein daß es so sei erwecken
kann. Um einen Charakter, um ein allerdings, wie er
selbst sagt, die allgemeinsten und tiefsten Interessen der Mensch=
heit berührendes Lebensbild ist es dem Dichter zu thun.
Alles im Faust, der Mann, selbst, sein kritisches Verhalten
zur Wirklichkeit, zu Wissenschaft und Leben, sein Unmuth,
seine Weltfahrt, Gretchen, Helena, ist für den Dichter Selbst=
zweck, er will zunächst nichts darstellen, als einen durch seine
Individualität interessanten und in interessante Lagen und
Verhältnisse kommenden Menschen, einen Menschen eigener
Art und Bedeutung und dadurch bedingter eigener Geschicke,
einen Charakter und seine Geschichte, wie Werther, mit dem
wir ihn schon früher zusammenzustellen hatten, Meister, Tasso,
Hamlet u. s. w. [28]). Die Menschen, die Situationen, die
Ereignisse sind um ihrer selber willen, nicht einer
Idee wegen da. „Die Idee der Rettung", oder daß Faust
gerettet wird, ist, wie Göthe selbst erklärt, nicht das Ganze,
nicht das Beherrschende, nicht die Grundidee, sondern nur ein
wesentliches Moment; Faust ist nicht Buch Hiob, kein My=
sterium, kein lehrendes Gedicht. Jene Idee ist allerdings da
und bestimmt den endlichen Verlauf, aber eben nur diesen;
der Charakter und das Handeln Faust's ist von der Art, daß
die Idee der Rettung, die Frage, ob ein solcher Mensch ge=
rettet werden kann, zur Sprache gebracht und beantwortet
werden mußte, wenn die Behandlung vollständig erschöpfend
beruhigend werden sollte, aber dieß ist nur Theil des Ganzen,
nur „Gang der Handlung", nicht das Ganze selbst. Was
der Dichter schildern will, ist Faust selbst, seine Stimmungen,
seine Unzufriedenheit mit unproduktiver, Steine statt Brod
bietender Wissenschaft und Gelehrsamkeit, sein Hinausstürmen
in die Welt des Handelns und Genießens, das reichbewegte

mannigfaltige des Interessanten volle Leben, zu welchem er
hier gelangt, sein Rückkehren zur Selbstbeschränkung; nur
weil Faust einmal dieser gewaltsam ins Leben und durchs
Leben stürmende Charakter war, der bis zum Aeußersten des
vermessensten und somit verdammlichsten Eigenwillens vorgieng,
so daß sein Sturm durchs Leben im Anschluß an die Sage
als im Bund mit dem Bösen vollbracht dargestellt werden
konnte und wirklich dargestellt wurde, nur beswegen mußte
auch die allgemeine Frage auftauchen und gelöst werden, was
denn ethisch oder religiös das Endergebniß sei, genauer die
Frage: ob Faust die Versöhnung mit dem Princip des Guten
wieder gefunden habe, dem er durch seinen Bund mit dem
Bösen so gut als abgesagt hatte, ob er gerettet worden sei,
nachdem er so tief gefallen war; da also trat dann freilich
die Idee ein, daß der strebende Mensch irrt, aber zum rechten
Weg zurückkehren und somit Rettung finden kann, wenn er
nur strebend bleibt in seinem dunkeln Drange, wenn er nur
nicht von sich selbst abfällt zum völligen Untergehen in thie-
rischem Genießen oder in erschlaffender dünkelhafter Selbstzufriedenheit, sie trat ein, weil ein Charakter und ein Lebenslauf
wie der Faust's für den Dichter nicht nur interessant war,
sondern ihm auch als ein trotz aller Fehler berechtigter,
des Untergangs nicht würdiger erschien und erscheinen mußte.
Wieviel Unnöthiges stände doch im Faust, wenn
es sich nur um jene Idee handelte! wozu da die breite Ausführung der kritischen Partien im ersten Theil über die Gelehrsamkeit, wozu die vier ersten Akte des zweiten? Das
Buch Hiob ist Muster für die Ausführung einer „Idee";
aber darum weil Faust Hiob den Prolog abgesehen hat, ist
er nicht auf Eine Stufe mit ihm zu stellen; Faust hat andere,
er hat rein darstellende, er hat rein poetische Tendenzen. Nicht

bloß auf Anfang und Ende, sondern auch auf die Mitte des Gedichts, auf seinen ganzen reichen Gesammtinhalt, besonders auf die verschiedenen Lebens= und Weltgebiete, die Faust durchwandert, muß man sehen, wenn man die Ein=heit oder die „Idee" des Werks aussprechen, sie in einen Satz zusammendrängen will. Formiren wir zunächst vorläufig einen solchen Satz, der freilich sich nur erst allgemein fassen läßt, so ist er folgender. Göthe will in der Persönlichkeit und Geschichte Faust's einen Charakter, einen Menschen dar=stellen, welcher kraft seiner Natur ursprünglich in edler Weise nach dem Höchsten strebt, was der Mensch erstreben kann, welcher aber durch das Mißlingen dieses Strebens auf dem ideellen Gebiete des Wissens in das reelle Weltleben hinaus=getrieben wird, hier zuerst auf verwerflich und unheilvoll rücksichtslose Weise Befriedigung im Weltgenusse sucht, von da an aber kraft jener seiner bessern Natur zu einem tüchtigen Wollen und Streben sich wieder ermannt, alle Lebensgebiete die seinem Geiste etwas Befriedigendes gewähren durchwandert, statt des Genusses die That, die selbstthätige fruchtbare Ver=wendung der Kraft zu seinem Ziel erwählt und ebendarum auch nicht untergeht, sondern versöhnt und gerettet endigt. Kürzer: Faust ist der nach allem menschlich Schönen strebende, durch die Unbedingtheit dieses Strebens in die weite Welt hinausgeführte, alle menschlichen Lebensgebiete wirklich durch=messende, dabei freilich in die Schlingen eines genußsüchtigen weltlichen Treibens verstrickte, aber zur Besinnung kommende, den richtigen Weg wieder findende, deswegen auch der Ver=dammniß entronnene Mensch. Oder mit Göbeke[20]): Faust erfaßt den geistig bewegten Menschen, der alles Wissen ver=sucht hat und davon unbefriedigt aus der Welt der Bücher und des Forschens in die Welt des Genießens und Handelns

vorschreitet, ohne darin unterzugehen. Und wie es unrichtig
ist, von den Lebensgebieten die Fauſt durchmißt abzuſehen,
nicht ſie und insbeſondere die Vertauſchung des unfruchtbaren
Gebiets der Theorie mit dem goldnen Erntefeld des Lebens
als Hauptſache des Ganzen zu betrachten, ſo iſt es vollends
irreführend, daß man nicht vor allem Andern Fauſt's Charakter ins Auge faßt, um erſt von hier aus Sinn und
Gang des Drama näher zu beſtimmen, ſondern ſtatt deſſen
gleich von vorn herein Fauſt als Repräſentanten des allgemeinen Menſchengeiſtes vorausſetzt, als ob man durch dieſe
Verallgemeinerung und nicht vielmehr durch konkrete Auffaſſung ſeines Gehalts das Dichterwerk ehren und ſeine hohe
Bedeutung ins Licht ſtellen müßte. Den Charakter Fauſt's
haben wir uns daher zu vergegenwärtigen und zu ſehen, wie
aus ihm heraus die Handlung ſich entfaltet.

„Menſch" iſt Fauſt freilich, aber nicht der Menſch überhaupt, ſondern Menſch in dem Sinne des Worts, welchen es
in der Stelle hat: „Hier bin ich Menſch, hier darf ich's ſein."
Fauſt iſt, ſo zeichnet ihn der Dichter überall, der volle,
ganze, mit Allem was den ganzen und vollen Menſchen
ausmacht wolbegabte, ächt menſchlich fühlende, für alles Menſchliche offene und empfängliche, Alles was der Menſch „vom
Himmel und von der Erde" wünſchen und erſtreben kann
wirklich wollende, er iſt der nach Geiſt und Gemüth geſunde
unverbildete univerſelle geniale, der geiſt- und gemüthvolle,
ebendarum aber auch der mit voller unbedingter Gluth des
Gefühls der Leidenſchaft der Ungeduld und Begeiſterung nach
allem der Menſchheit irgend Erreichbarſcheinenden ſtrebende und
in Allem nur das Ganze und Vollkommene, nur das Hohe
und Vollendete anerkennende und begehrende, deswegen außerordentlich ſchwer zu befriedigende, immer nach dem Höchſten

und daher gleich zu weit greifende, zu viel verlangende Mensch
(ganz Göthe selbst, wie er immer, am meisten natürlich in
seiner prometheischen Jugendzeit, gewesen ist). Was der
Dichter bei seinem Faust sich dachte, das zeigen einmal die
Stellen, in welchen Mephistopheles ihn schildert als einen
Geist, der alles Denkbare erstrebe und mit nichts Beschränktem
und Bestimmtem zufrieden sei (im Prolog, nach dem Vertrag=
schluß, nach Faust's Tod), ebenso die Stellen, in welchen
dieser selbst von sich sagt, daß „die Krone der Menschheit" es
sei, wonach sich alle seine Sinne bringen, daß er „in derber
Liebeslust" das Nächste und leicht Erreichbare, das „die
Welt" dem Menschen biete, aber mit noch weit drängenderer
„gewaltsamerer" Begeisterung das Entfernte und Schwere,
das Große und Ruhmvolle, wie „hohe Ahnen" es vollbracht,
für sich ersehne; das zeigt endlich vor Allem der von dem
Dichter so klar und scharf hingestellte Kontrast zwischen
Faust und Wagner. Wagner ist der bloß Wißbegierige,
der bloße Fachmensch, der mit einer Summe gelehrten Wissens
und mit der Portion Ehre, die er durch seine Gelehrsamkeit
einst in der Welt erlangen wird, zufrieden ist; er ist das
wol auch recht strebsame, hierin seinem Meister nacheifernde,
aber nur in beschränkter Sphäre strebsame, über sie nicht
hinausblickende und innerhalb dieser Sphäre selbst wieder be=
schränkte talentlose geistlos lernende, zu pedantisch künstlicher
Halb= und Verbildung mühsam sich hinaufschraubende, nur
auf Masse der Kenntnisse bedachte, ohne selbstständiges Urtheil
Gutes und Schlechtes zusammensammelnde Individuum; er
ist der Mensch, dem die Menschheit in schülerhafter Gelehr=
samkeit auf= und untergeht, er ist der einseitige und bornirte,
der halbe und leere, der philisterhaft genügsame und selbst=
genügsame Mensch, er ist die absolute Inferiorität; es fehlt

ihm eben Das was Faust hat, die ganze volle umfaffende
Menschheit, die weder mit dem Beschränkten noch mit dem
Halben und Unvollkommenen sich irgend begnügt, die vielmehr
nach allen dem Menschen offen stehenden Sphären und Rich=
tungen hin strebsam ist, das Ideal des Menschen vor sich hat,
Alles erschöpfen und ergründen, Alles sich zueignen und ge=
nießen und in Allem nur das Ganze, das Rechte, das Vol=
lendete, das den Menschen wahrhaft Befriedigende Ausfüllende
Sättigende anerkennen und haben will. Allerdings strebt
Faust unbedingt, aber er ist darum nicht das Abstraktum der
„strebenden Menschheit", sondern er strebt nach etwas Be=
stimmtem, nach ächter und voller Menschlichkeit, und er strebt
unbedingt darnach, weil ächte und volle Menschheit in ihm
ist, die Alles und Alles recht und ganz zu haben begehrt. —
Aus diesem Charakter Faust's entwickelt sich die Handlung
einfach. Das universelle und Alles was es will ganz und
vollendet haben wollende, kurz das unbedingte Streben Faust's
nach voller menschlicher Befriedigung findet, und zwar zunächst
vermöge der vorhandenen religiösen und wissenschaftlichen Bil=
dungszustände, die gesuchte Erfüllung nicht. Als geistvoller
Mann ist Faust nicht bloßer Praktiker geblieben, sondern er
hat alle Wissenschaften durchwandert; aber in der Wissen=
schaft wollte er nicht etwa blos historische positive Ueberlie=
ferungen Satzungen und Meinungen, welche Anerkennung
und Gehorsam fordern, ohne wissenschaftliche Gewißheit und
lebendige Anschauung zu geben, er wollte nicht etwa blos
äußeres empirisches Material, das nichts lehrt über das innere
Wesen und Leben der Dinge, er wollte nicht bloßer Fachge=
lehrter und Sammler sein, sondern er wollte von der Wissen=
schaft Resultate haben, die das menschliche Bedürfniß
befriedigen, er wollte von ihr Dasjenige, was Geist und

Herz des Menschen in ihr sucht, Aufschluß und zwar voll-
kommenen, schlechthin gewissen und Alles umfassenden Aufschluß
über die höchsten und tiefsten Fragen des Erkennens, er wollte
Alles bis in's Innerste hinein durchschauen, er war des guten
Glaubens, daß die Wissenschaft wirklich dem Menschen etwas
biete, daß sie wirklich zur Wahrheit führe; und damit nun
ist er gescheitert, er hat vermöge seines freien unumwölkten
Geistesblicks, vermöge der Selbstständigkeit seines Urtheils,
sowie in Folge des hohen Maßstabs, den er an Alles legt,
in Folge der hohen bereits zu viel verlangenden, zu raschen
und ungedulbigen Forderungen, die er an Alles stellt, gefunden oder zu finden geglaubt, daß die Wissenschaft, an der die
Andern, die „Laffen, die Doktoren Magister Schreiber und
Pfaffen", die unselbstständig wolweisen Vertreter Nachtreter
Breittreter und Hüter des Positiven, die Wagner, die Bücher-
männer und Materialansammler, etwas Wahres und Großes
zu haben meinten, vielmehr gerade Dasjenige nicht wisse und
nicht wissen könne, was der Mensch am liebsten wissen möchte,
was ihr allein Werth für den Menschen gibt, um deß allein
willen es sich verlohnt, sie „Menschen zu lehren", nämlich
das Innere der Natur und Welt, die letzten geheimsten Prin-
cipien alles Daseins, die im Verborgnen schaffenden Ur- und
Triebkräfte, von denen Alles stammt, die letzten und tiefsten
Grundlagen alles Lebens, alles Glaubens, alles Wirkens und
Handelns. Mit Schmerz wird er nun, da dieses sein Haupt-
streben mißglückt ist, darauf aufmerksam, daß auch das Leben, an welches er so lange er an die Wissenschaft glaubte
noch keine bestimmtern Anforderungen stellte, ihm nichts bietet,
daß er gar nichts hat, woran er sich freuen könnte, daß es
kein menschliches, sondern ein elendes Hundedasein wäre, so
fortzuleben. Was wird Faust in dieser Lage thun? Eine

bescheidenere Natur als die seine wird resigniren, Nothbehelfe-
suchen; aber er kann und will es nicht, er beharrt auf dem
Verlangen, daß die Befriedigung ihm zu Theil werde, die der
Mensch ansprechen kann und muß, er will unbedingt etwas
erreichen. Zunächst scheint sich in der Magie ein Mittel
hiezu darzubieten; sie soll entweder das absolute Wissensstreben
befriedigen, oder aber ihm die Möglichkeit verschaffen das Gelehrtenthum mit einem schönern freudevollern freiern Leben
zu vertauschen. Auch das schlägt fehl; absolutes Wissen und
ein von allen Schranken freies Götterleben steht nur Geistern,
nicht dem Menschen zu; das sagt ihm Geistermund selbst, so
daß alle Hoffnung nach dieser Seite hin vernichtet ist. Beschämt, gedemüthigt, in die Schranken die er durchbrechen
wollte zurückgewiesen, kommt der Unmuth über die Endlichkeit
aller menschlichen Dinge so heftig über sein leidenschaftlich
fühlendes Gemüth, daß er das Leben überhaupt unerträglich
elend und nichtig findet und es wegzuwerfen beschließt. Hiemit nun ist Faust bereits so weit gekommen, einfach weg-
zuschleudern, was ihm nicht gefällt, einfach seinem eigenen
Willen zu folgen; die an sich edle Unbedingtheit seines Strebens, vom Leben etwas wahrhaft Befriedigendes Großes und
Schönes zu haben, ist excentrisch, vermessen empörerisch geworden, der tragische Umschlag, der Bruch mit dem Rechten
ist erfolgt, er will zu viel, weil er Alles will, er ist
bereits nicht mehr bedenklich genug in der Wahl der Mittel,
zu denen er greift um Befriedigung zu finden. In dieser
halb lebensmatten halb doch noch zum Aeußersten zu greifen
entschlossenen verbitterten Stimmung ist er zu Allem fähig; es bedarf nur eines äußern Anlasses, um ihn auf der
schon eingeschlagenen gefährlichen Bahn noch weiter fortzu-
führen. Der Versucher erscheint, Faust's erster Gedanke ist

wirklich sogleich, einen Bund mit ihm zu schließen, der ihm
zur Befreiung von dem was ihn drückt, zu einem befriedigen=
dern Leben führen soll; sein Unmuth und Unglaube an das
Leben erwacht zwar wieder, als es ernst mit dem Versuch
werden soll, er wünscht abermals den Tod und verflucht Alles,
was ihn früher davon zurückhielt, aber er schließt doch mit
der Erklärung, die Geduld sei zu Ende, es müsse anders
werden, er versteht sich zur **Annahme des Pakts**. Frei=
lich ist der Teufelsbund für ihn nur eine andere Art von
Magie, durch die er von seinem unerträglichen Leben frei zu
werden hofft, er will den Satan nicht zum Herrn, sondern
nur zum Knecht haben, er tritt nicht moralisch (wie der Faust
des Faustbuchs), sondern nur juridisch in einen Verband mit
ihm, das Bewußtsein seiner unzerstörbaren geistigen Spann=
kraft, das Gefühl, daß er so leicht nicht zu befriedigen ist,
erwacht dem Satan gegenüber, der höchstens mit Abenteuern
und Sinnesgenüssen aufwarten kann, so entschieden in ihm,
daß er ihm gleich erklärt, geistig werde er sich ihm nie gefan=
gen geben, sich von ihm nie einschläfern und erschlaffen lassen.
Aber ein Vergehen ist es doch, dem Teufel so die Hand zu
reichen; Faust weiß recht wol, daß Gemeinschaft mit dem
Bösen nicht ablaufen kann, ohne selbst von ihm beeinflußt,
zum Schlimmen gereizt und verleitet, in die ärgsten Ver=
suchungen und Konflikte hineingeführt zu werden, und doch
schließt er die Gemeinschaft ab, weil er nun einmal bereits
schlechthin ungeduldig eigenwillig gewaltsam, zu jedem Mittel
bereit geworden ist, weil sein ursprünglich edles lebendiges
Streben nach voller menschlicher Befriedigung in Folge der
Versagung derselben in diese Eigenwilligkeit sich verkehrt hat.
Ehe wir von hier aus die dramatische Entwicklung weiter ver=
folgen, stehen wir noch einen Augenblick bei dem **bestimmtern**

Inhalte dessen still, was Faust durch seinen Pakt mit
Satan zu gewinnen hofft. Auch dieses ist ganz seiner Indi=
vidualität gemäß. Denn was will er auch hier Anderes, als
eben dieß: ganz Mensch sein, seine Ichheit erweitern zur
Menschheit, zwar nicht mehr auf theoretischem, aber auf prak=
tischem Gebiet alles Menschliche mitfühlen mitleiden miter=
streben und mitthun, an Allem was das Menschenleben bietet
handelnd und empfindend sich betheiligen, selbst am Schmerz=
lichen und Verdrießlichen, wovor der gewöhnliche Mensch flieht,
das aber er auch auf sich nehmen, auch durchfühlen und
durchkosten will, weil es ihm widersteht in beschränkter Sphäre
zu bleiben, weil er Alles, weil er universell sein, weil er nichts
unberührt und undurchdrungen lassen will, was im Leben ein
Interesse für den Menschen haben kann. Gerade hier („Und
was der ganzen Menschheit zugetheilt ist“ u. s. w.) ist deutlich
zu sehen, daß Faust nicht ein Abstraktum von Mensch, son=
dern der für alles Menschliche lebendigst empfängliche, Alles
sich aneignen wollende Mensch ist. Der weitere Verlauf
ist mit den bisherigen Prämissen einfach gegeben. Von der
Schließung des Bundes an steht in Faust's Seele einerseits
der Vorsatz fest, den so bitter empfundenen Beschränkungen
des gewöhnlichen Lebens sich nicht zu fügen, sondern an der
Hand des Teufels mit Gewalt Alles zu erringen, was das
Leben dem Menschen bieten kann, schranken= und rücksichtslos
zu streben nach allem Erstrebenswerthen. Andrerseits
aber ist Faust zu sehr des Edeln in seiner Brust sich bewußt,
als daß er sich dem Teufel gefangen gäbe, er ist entschlossen
ihm zu trotzen, Stand gegen ihn zu halten, über Erfolg und
Genuß des Augenblicks nie zu vergessen, daß der Mensch in
nichts Einzelnem allein Befriedigung finden, daß er sich
immer weiter ausbreiten, immer höher sich heben kann, er ist

entschloffen gerade jetzt, wo die ganze Welt sich ihm öffnet, dieses unermüdliche Höher= und Weiterstreben nie fallen, nie ruhen zu laffen. Von diesen beiden, halb zusammen= fallenden, halb entgegengesetzten Richtungen in Fauft's Seele muß die eine fiegen, die andere unterliegen, und zwar fiegt die zweite, da das Edle in feiner gefundmenschlichen Natur zu kräftig angelegt ift, als daß es verloren gehen kann, da felbft feinem verfehlten Wollen ein edles, ächt und wahr= haft menschliches Wollen, das Wollen ganz Mensch zu fein, zu Grunde liegt. Zunächft allerdings herrscht die erfte Richtung vor, das unmuthig rückfichtslose Streben fich nichts mehr verfagen zu laffen, fondern Alles fich anzu= eignen; zunächft ftellt es fich heraus, daß Fauft verbrecherisch gehandelt hat, als er dem Böfen die Hand reichte; er wird, obwol nicht ohne ftarkes Widerftreben feines beffern Selbfts, zum Verbrecher an der Unschuld, er tritt Recht und Menschen= wol mit Füßen, er büßt das frevelliche Spiel mit dem Teufel dadurch, daß er in die ernftliche Gefahr kommt ganz des Teufels zu werden. Aber damit beginnt nun auch die Umkehr oder das Ueberwiegen der zweiten beffern Rich= tung. Fauft erkennt, daß man fich mäßigen muß; er fieht nun weit ruhiger als zuvor die Welt fich an, er kann vom Ungeftüm der eigennächtigen Begierde befreit mit Muße am Weltgetriebe fich betheiligen, er wird nach und nach fo ziem= lich Alles, was der Mensch werden, fieht Alles, was er fehen kann; auch das Schönfte, was es gibt, das Majeftätischliebliche der Götter= und Heldenschönheit des Jugendalters der Mensch= heit, des klaffischen Alterthums, wird ihm erschloffen und mit feinem ganzen Feuereifer von ihm genoffen. Vollkommen be= fiegelt ift endlich der Sieg des Beffern in ihm, als er jetzt, da er das Höchfte gefehen hat, fich entschließt, dem Genießen

Lebewol zu sagen, seine strebende Kraft in positive That um=
zusetzen, sein Leben einer großartig nützlichen Wirksamkeit zu
weihen und so auch das letzte Menschliche was ihm noch fehlt
zu erringen, nämlich das frohe und erhebende -Bewußtsein
sich selber durch eigene Thätigkeit und nach eigener Wahl
eine Welt aufzuerbauen („was weißst du“, sagt hier Faust
selbst, „was der Mensch begehrt? dein widrig Wesen, bitter,
scharf, was weiß es, was der Mensch bedarf?“). Nur Eines
muß er in diesem letzten Stadium erkennen, daß er ein fal=
sches Mittel gewählt hat, wenn er zu dieser Befriedigung im
ächt Menschlichen gelangen wollte, den Verband mit dem Teufel,
der ihm sein Glück auch jetzt noch durch Gewaltthat vergällt;
aber diese schmerzliche Erkenntniß vollendet auch den Sieg des
Guten, er sagt Allem ab, was er gethan um eigenwillig über
die Schranken der Menschheit sich zu erheben, er verwirft die
Zauberei, er wünscht Mensch zu sein und Mensch geblieben
zu sein, statt zu viel zu wollen und dadurch gerade des ächt=
menschlichen Glücks sich zu berauben. So endigt er versöhnt
mit dem Erdendasein trotz aller seiner Schranken, gereinigt
vom Uebermaaß des Eigenwillens, begeistert von der Freude
doch für die Menschheit etwas gewirkt und geleistet zu haben,
ebendarum auch sittlich entschuldigt und freigesprochen wegen
aller Ausschreitungen, zu denen er sich einst durch Unmuth
und Uebermuth verleiten ließ. — Ziehen wir das Endergeb=
niß: Die tiefempfundenen Bedürfnisse, die hoch=
gehenden Wünsche, die weitgreifenden, den gan=
zen Kreis des menschlich Erreichbaren durch=
schreitenden Strebungen und Unternehmungen,
die dabei hereinbrechenden gefahr= und leid=
vollen, jedoch der rettenden und versöhnenden
Rückkehr zum wahrhaft Menschlichen wiederum

welchenden Ueberstürzungen und Verirrungen
eines ächt und voll menschlich fühlenden und
strebenden, aber in diesem Streben auf Hem=
mungen stoßenden, durch sie verbitterten, auf
das Extrem gewaltsamer Aneignung des ver=
sagten Lebens= und Weltgenusses getriebenen
Charakters, eines ganzen und vollen Menschen,
der die Befriedigung seines alles Menschliche
mit leidenschaftlicher Gluth umfassenden Seh=
nens in seiner Zeit und seiner Lage nicht fand,
darüber Zufriedenheit Haltung und Maaß ver=
lor, aber auch wieder gewann. Das ist es, was
Göthe's Faust an uns vorüberführt; und darauf, daß dieß
sein Inhalt ist, daß es sich um die Frage nach dem
ächt und rein Menschlichen, daß es sich um Tha=
ten und Leiden, um Freuden und Schmerzen der
nach voller menschheitsgemäßer Befriedigung
strebenden Menschenbrust handelt, darauf beruht der
unnennbare Reiz und Zauber, den das Werk auf alle Geister
und Herzen, den es insbesondere auf deutsches Gemüth und
Naturell mit seinem Sehnen nach wahrhafter Gefühls= und
allumfassender Geistesbefriedigung, den es selbst auf Diejenigen
ausübt, welchen es zu freigeisterisch, ja frivol und gefährlich
erscheinen mag. Und was war denn ebenso andrerseits in
historischer Beziehung Dasjenige, was in der Zeit der
Entstehung des Gedichts in Deutschland die Gemüther bewegte,
was Anderes, als daß man Mensch sein, daß man alle
von vergangenen Zeiten angehäuften Verkümmerungen und
Beschränkungen ächter und lebendiger Menschheit, alle Ein=
engung des Wissens= des Freiheits= und Thatentriebs, allen
Zwang der Meinungen und der konventionellen Sitte, allen

Druck der Satzungen und-Zustände, allen beschwerenden und
dem Gefühl und Geist nichts bietenden Buchstaben= und Formel=
kram, alle menschenglückswidrigen Einrichtungen und Verhält=
nisse los sein, daß man ebenso positiv alles in der mensch=
lichen Natur Angelegte und dem Menschen wie man glaubte
von der Natur Zugedachte, allumfassendes absolutes Wissen,
Freiheit, Lebensfreude, der Individualität entsprechende Bewe=
gung und Wirksamkeit, Welt= Schönheits= und Kunstgenuß,
auch wirklich haben wollte und sich nicht beruhigen zu können
vermeinte ohne es wirklich zu besitzen? Aus dieser Stim=
mung des Jahrhunderts heraus ist Göthe's Faust entstanden;
ihr hat er ein Denkmal ihrer unendlichen Wärme und Be=
geisterung, ihrer unbegrenzbaren Weite und unnennbaren
Energie, ein Denkmal zwar auch ihrer Verirrungen und Aus=
schreitungen, aber zugleich ihrer Berechtigung, des Edeln an
ihr, ein Denkmal, daß sie gut gemeint war bei allen
Fehlern, gesetzt, ein Zeitbild, wie keiner andern Zeit es zu
Theil geworden ist, ein Zeitbild, welches allerdings (das geben
wir gerne zu) von allgemein menschlicher Bedeutung, ein
Spiegel für alle Zeiten ist, weil das Problem der Erringung
ächt menschlichen Seins und Daseins eine Aufgabe, eine Idee,
ein Ideal nicht für Diesen und Jenen, sondern für Alle und
für alle Generationen, weil ebenso die Formen, in welchen
dieses Streben nach dem Ideal ächter und voller Menschheit
sich äußert, und die Gefahren, die es bedrohen, wie die mensch=
liche Natur selbst wenigstens im Wesentlichen immer und
überall dieselben sind. Aber ein Zeitbild, ein dem Dichter
aus seiner eigenen lebendigen und erfahrungsreichen Bethei=
ligung an den Strebungen und Wehen seiner Zeit entsprun=
genes (zudem durch seine Gefühlsenergie, seine Geistesuniver=
salität und Geistesfreiheit wesentlich deutschnationales) Zeitbild,

nicht ein Menschenbild überhaupt, ist es; Faust stellt ja das
Individuum, in welchem das Streben nach ächter und allsei-
tiger menschlicher Befriedigung erwacht ist, dar in einer Epoche
und einer Umgebung, welche seinem Streben die Befriedigung
versagen, er stellt den „Menschen" dar in nicht menschlich
fühlender und denkender Zeit, im Kampfe mit einer das was
er sucht ihm noch nicht bietenden Wissenschaft Bildung und
Civilisation, und diese Zeitlage, diese Situation ist .
nicht immer dieselbe, es wird nicht immer Zeiten geben und
gibt sie schon jetzt nicht mehr so, in welchen das Streben
nach dem ächt Menschlichen so einsam dasteht, so viele Hemmungen findet, so gewaltsam auftritt; diese Situation gibt
dem Gedicht immer einen specifischen, individuellen
Lokal- und Zeitcharakter, den Charakter der Zeit
seiner Entstehung, der Sturm- und Drangzeit des vorigen
Jahrhunderts, wo dieses menschheitliche Streben noch neu
war und um Anerkennung noch zu ringen hatte, so daß daher
auch mit Recht der Dichter seinen Helden poetisch im Mittelalter, in dieser die Berechtigung des Menschlichen vollends
noch nicht begreifenden und anerkennenden Zeit, stehen lassen
konnte. Und selbst wenn wir, freilich nur mit Willkür, das
Zeit- und Charakterbild in ein Tendenzgedicht umsetzen und
so seinen ethischen Gedankengehalt herausziehen, selbst dann ist
es nicht jene metaphysisch theologische Idee der über alle
Verschuldung obsiegenden Versöhnung, was das Gedicht predigt; nicht das philosophische oder religiöse Evangelium der
Versöhnung des Endlichen mit dem Unendlichen, des Menschen
mit der Gottheit, sondern das Evangelium der Versöhnung des Subjekts mit dem Leben predigt Faust,
oder wenn man will er predigt Beides: denn er schildert das
rückhaltlos freie, sich von allen Schranken emancipirende, aller

halben Beruhigungen sich entschlagende Streben des Menschen
nach Versöhnung mit dem Leben in seinen Irrthümern wie
in seiner über alle Irrthümer schließlich obsiegenden Berech=
tigung, er schildert das Aufstehen des Subjekts zu der For=
derung an das Leben, daß es ihm volle Befriedigung gewähre,
er schildert das Streben nach dieser Befriedigung, wie es den
Menschen zu schweren Mißgriffen verleiten, aber darum doch
versöhnt endigen kann, weil jener Drang nach Befriedigung
an sich nicht unrecht ist, nicht ausschließt, daß der Kern des
Menschen ein „guter“ ist und ihm daher, was er irrte in sei=
nem Streben, vergeben werden darf. In Götz Werther Tasso
unterliegt und scheitert die nach Befriedigung im Leben stre=
bende Freiheit, in Faust aber, dem allein ganz gesundmänn=
lichen unter Göthe's dramatischen Helden, bringt sie zum Siege
durch; nach dieser Seite ist freilich die Idee der Versöhnung
in dem Sinne, wie die philosophirenden Ausleger sie nehmen,
dem Faustgedicht wesentlich eigenthümlich; aber dieser versöhnte
„Gang der Handlung“ ist nicht selbst die Hauptsache, sondern
er dient nur dazu, Dasjenige was die Hauptsache ist, das
Streben des Subjekts nach befriedigender Gestaltung des Le=
bens, zum Schluß als ein innerlich berechtigtes darzustellen,
es am Schluß als ein trotz aller Verfehlung zu glücklichem
Ziel gelangtes erscheinen, den verklärenden Schimmer des
Triumphs über alle Gefahren auf dasselbe fallen zu lassen.
Und das Wesentliche am Ganzen, die Seite, von welcher es
in erster Linie angesehen werden will, ist doch immer nicht
die philosophisch ethische, sondern die historische. Der deutsche
Geist der Neuzeit, seit Jahrhunderten zurückgedrängt in die
dumpfe Starrheit eines unlebendigen, Denken und Gefühl
ungesättigt lassenden Positivismus und Buchstabenthums, in
unfruchtbar formalistisches, geistlos empiristisches Gelehrten=

thum, in trübe Natur= und Weltentfremdung und passive
Thatlosigkeit, endlich aber in einem seiner begabtesten Indi=
viduen angelangt bei voller Freiheit des Selbstbewußtseins
und damit sich erhebend zu dem Verlangen unbeschränkter
Befriedigung aller ächt menschlichen Geistes= und Herzensbe=
dürfnisse, ungehemmter Aneignung alles Wissens= und Ge=
nießenswerthen, ungehinderter Bethätigung aller seiner Kräfte,
dieses sein Heraustreten aus der Beschränktheit der guten
„Urväter"=Zeit zunächst nun freilich büßend durch den Verlust
der glücklichen Zufriedenheit und Mäßigung bescheidenerer
Zustände, aber sein Verlangen wirklich durchführend, die Welt
der freien Naturanschauung der Schönheit und der praktischen
Thätigkeit wirklich sich erobernd, die alte gesunde Tüchtigkeit
des Wollens und Strebens auch in dieser neuen gefährlichern
Phase seiner Entwicklung sich bewahrend, und darum auch
zum Schluß absolvirt vor dem sittlichen Gesetze: dieß ist hi=
storisch betrachtet Göthe's Faust ersten und zweiten Theils.
Alles, was einzelne Geister, was Lessing und Winkelmann,
Göthe und Schiller, was Romantiker und Philosophen, Natur=
forscher und Künstler, was die Nation überhaupt vom vorigen
Jahrhundert an zu diesem Heraustreten aus der Selbst= Natur=
und Weltentfremdung der Zeiten der Erniedrigung seit dem
dreißigjährigen Kriege trieb, Alles was man in diesem Um=
schwung fühlte und erstrebte, vergriff und verfehlte, aber auch
erreichte und vollbrachte, Alles was man auch jetzt noch erst
zu gewinnen und zu vollbringen strebt in innerer und äußerer
Befreiung, in wahrer Bildung und Lebensverschönerung, im
Herauskommen aus unfruchtbarer Theorie zu lebendiger An=
schauung und werkthätiger Praxis, das Alles (nur mit Aus=
nahme der nationalen Bestrebungen, die der Dichter hier zur

Seite hielt) ist in Faust zusammengedrängt, spiegelt in ihm poetisch individualisirt, ethisch verklärt sich ab.

Es ist uns schließlich die Frage noch übrig: was ist **Mephistopheles?** Lassen wir alle nicht mehr haltbaren und blos einzelne Seiten des Ganzen hervorkehrenden Anwendungen des philosophischen Immanenzprincips, z. B. daß er und Faust zusammen „der Mensch sei", daß er Faust's unbeschränktem Streben gegenüber das Princip der Schranke vertrete, daß er die realistische Ergänzung des idealistischen Faust bilde, zur Seite. Mephistopheles ist auch bei Göthe Teufel und sonst nichts, aber mit charakteristischen poetischen und dramatischen Zügen ausgestattet, die blos das Göthische Genie für ihn zu erfinden vermochte.

Zunächst ist Mephistopheles bei Göthe wie im Faustbuch **Repräsentant des bösen Princips,** welchem Faust in seinem Unmuth über die Welt die Hand reicht; er ist die böse Richtung des Willens, in welche der Mensch ebendamit geräth, daß er dem Unmuth und Uebermuth in sich Raum gibt, daß er, wie eine Zeit lang Faust, verdrossen und vermessen Alles zu begehren, aber nichts mehr zu lieben und zu achten sich entschließt. Ein Charakter, der in seiner Entwicklung auf dieses böse Extrem kommt, sollte in Faust eben geschildert werden; er konnte geschildert werden auch ohne Hereinziehung einer Personifikation des Bösen, aber poetischer war es, daß Mephistopheles hereingezogen, oder daß Faust's Entschluß, nichts mehr zu lieben und nichts mehr zu achten, unmuthig übermüthig das Leben zu durchstürmen, mit der Sage dargestellt wurde als ein durch den Teufel selbst angeregter und angebotener Vertrag des Inhalts, daß von jetzt an Faust mit ihm die Welt durchziehen und sich seiner zur Befriedigung alles seines Begehrens bedienen wird. Ebenso

konnte Fauſt auch ohne den teuflichen Begleiter Gretchen ver=
führen und ſonſtiges Unheil anrichten, aber p o e t i ſ ch e r war
es, wenn bei all dieſen Dingen der Teufel, d. h. eine Per=
ſönlichkeit die Hand mit im Spiele hatte, in welcher das Böſe
die Geſtalt bewußter Selbſtheit, die planmäßig ihre Macht
gegen Menſchen und Dinge in's Werk ſetzt, angenommen hat;
damit gewann Alles bereits mehr Anſchaulichkeit, Lebendigkeit,
mehr Reiz für die Phantaſie, mehr Kraft zu ſchrecken wie zu
rühren. Doch dieſes Poetiſche der Perſonifikation iſt noch
kein großes dichteriſches Verdienſt, und ſie war ja vom Dichter
bereits vorgefunden. Aber ebendarum ging Göthe weiter; er
fühlte, daß eine bloße Perſonifikation des Böſen noch nicht
hinreichte, um eine vollkommen lebensfähige poetiſche Geſtalt
zu ſchaffen. Blieb Mephiſtopheles blos der Teufel der alten
Fauſtbücher, ſo blieb er ein bloßer B e g r i f f, eine doch wie=
derum unſelbſtſtändige, ſchließlich überflüſſige Allegorie. Fauſt
kommt ſelber ins Böſe hinein auch ohne Veranlaſſung des in
Mephiſtopheles perſonificirten böſen Willens; Gretchen wird
durch Fauſt und durch ſich ſelber unglücklich auch ohne die
Dazwiſchenkunft von Jenem; das böſe Thun wurzelt in dem
böſen Willen des Menſchen ſelbſt; eine dieſen böſen Willen
perſönlich vorſtellende beſondere Figur bleibt doch ſtets noch
matt, weil ſie nur Verdopplung Deſſen iſt, was ohne ſie ſchon
vorhanden iſt. Darum nun hat Göthe mit Recht nicht das
ſubjektiv ethiſche, das Willensmoment zur Hauptſache im Weſen
ſeines Mephiſtopheles gemacht, ſondern etwas Anderes, „das
V e r n e i n e n, das Vernichten, das Zerſtören.“ Er iſt bei
ihm Vertreter nicht des bloßen Begriffs des ſubjektiven böſen
Willens, ſondern er iſt Vertreter des Böſen als eines Ob=
jektiven, Realen, lebendig Thätigen, er iſt Vertreter des Böſen
in univerſellem kosmiſchem Sinne, in dem Sinne eines überall

wirklichen und wirksamen, alles Dasein und Bestehen unter=
wühlenden zerfressenden zernichtenden Elements, er ist Vertreter
dieses wirklich an allem lebendig Schönen nagenden
Wurms der Zerstörung, dieses wirklich überall uner=
müdlich wirksamen Keims der Verderbniß, mit
welcher faktisch alles endliche Sein, alles Positive, alles Leben,
alles Glück, alle Kraft und so allerdings auch alle Sittlichkeit,
alle auf das Gute gerichtete Gesinnung zu kämpfen hat; er
ist das ethisch Böse, aber er ist noch weit mehr als dieß, er
ist das Negative, das Verderben, das Untergehen überhaupt.
So ist er kein überflüssiges, blos subjektives Symbol, kein
Begriff, kein blos vergrößertes Schattenbild von Faust's und
Gretchen's bösem Willen, keine Fiktion, sondern eine Rea=
lität; er ist nicht das blos scheinbar, blos durch Personifi=
cirung als selbstständig existirend vorgestellte Böse, sondern er
ist eine Weltmacht, die selbstständig existirt nicht in der Phan=
tasie des Dichters, sondern in der Wirklichkeit, er ist eine
Weltmacht, die selbstständig da ist und Macht ist auch ohne
daß der Dichter sie durch Personifikation verselbstständigt, die
aber ebendarum, weil sie schon selber etwas Reales und Selbst=
ständiges ist, mit vollem Recht auch vollends vom Dichter
personificirt werden kann und darf. Damit ist durchaus das
Matte und Unselbstständige, das willkürlich Allegorische besei=
tigt, das Mephistopheles an sich hätte, wenn er, wie die für
das „positiv Böse" schwärmenden philosophirenden Ausleger
wollen, bloße Personifikation des subjektiven unselbstständig
ideellen Elements des bösen Willens, bloße Verdopplung von
Faust's böser Willensrichtung wäre; er stellt gar nicht blos
diesen bösen Willen vor, sondern er stellt dar die Gefahr
des Untergangs, welcher Faust durch sein böses Wollen
verfallen ist, er stellt dar das Schicksal der Vernichtung,

dem Fauſt in die Hände ſich zu liefern Anſtalt macht. Böſes thun will Fauſt, aber untergehen will er nicht; in Wahrheit dagegen iſt er, wenn er Böſes will, bereits auf der zum Untergang führenden Bahn begriffen („und hätt' er ſich auch nicht dem Teufel übergeben" u. ſ. w.), faktiſch iſt er von dem zer ſtörenden Princip angefaßt, unterwühlt, ſobald er mit dem bö ſen Princip Gemeinſchaft macht, er iſt von ihm angefaßt, auch wenn er es nicht ſein will, er hat eine reale, über ihm ſelbſt ſtehende Macht, eine vis major an ſich her= angelaſſen, die an ſich heranzulaſſen gefährlich iſt. Wie klar iſt es auch hier, daß Göthe über dieſe Faſſung des Mephi= ſtopheles als des Geiſtes der Verneinung nicht getadelt wer= den ſollte! Wie lebensvoll iſt dieſe Geſtalt gerade dadurch, daß ſie zugleich die Vorſtellung aller jener im Univerſum reg= ſamen wühleriſchen form= und lebensfeindlichen Kräfte mit vor die Seele bringt! wie lebendig iſt Mephiſtopheles dadurch, daß er die Schlange iſt, die an den Wurzeln des Weltbaums nagt von Ewigkeiten her! In welch treffendem, tief= und tragiſchwahrem Kontraſt ſteht er zu Fauſt, der ganzes und volles Leben ſich erobern will! wie treffend, wie wahr, wie furchtbar gerecht ſteht er neben ihm, geht er mit ihm als das Schickſal der Vernichtung, als der Dämon des Verderbens, dem gerade dann das Leben verfällt, wenn es, wie Fauſt, zu viel, wenn es ſeine Schranken durchbrechen, ſeine Kräfte überſpannen will! Dadurch erſt iſt er eine wirk= lich lebensfähige poetiſche Geſtalt geworden, daß Göthe ihn als dieſe allgegenwärtige Gewalt des böſen Geſchickes faßte, die allem Endlichen und am meiſten dem in falſch gewaltſamer Weiſe nach Unendlichkeit ſtrebenden Endlichen mit dem Unter= gange droht.

Indeß reicht doch der Begriff des „Poetiſchen", der poe=

tischen Belebung und Personificirung nicht ganz aus, um die
Gestalt des Mephistopheles vollständig zu erklären; Mephi=
stopheles ist nicht blos das zu wirklicher poetischer Gestaltung
gebrachte Prinzip der Negation, wie dieß schon daraus hervor=
geht, daß er Faust zu Manchem seinen Beistand leiht, was
weder böse noch sonst schlimm und gefährlich ist. Es war
auch noch aus einem andern Grunde als der poetischen An=
schaulichkeit und Lebendigkeit zu lieb nöthig oder passend,
Faust nicht blos bös handeln, sondern ihn mit dem persön=
lichen Bösen, mit dem Teufel durch die Welt gehen zu lassen.
Schon das ließ sich nicht gut an, daß Faust ohne Begleiter
blieb, aber wer soll sein Begleiter sein? Menschen, die ihn
in seinen weit aussehenden Plänen nicht fördern, sondern
höchstens hindern konnten? Menschen von dieser Welt, die er
verflucht und verachtet? Es bleibt nur übrig, daß ein Be=
gleiter sich ihm beigeselle, bei welchem alle diese Unzuträglich=
keiten wegfallen. Dieser kann aber kein Andrer sein als der
Teufel. Nicht blos einen Begleiter, der ihn nicht hindert,
sondern einen Begleiter, der ihn in ganz außerordentlicher
Weise fördern kann, muß ja Faust haben. Soll das Drama
in den Gang kommen, den die Prämissen in Faust's Charakter
und Stimmung ihm vorzeichnen, so muß Faust eine Macht
an der Hand haben, die ihm das möglich macht, was er will,
was er aber allein nicht erreichen kann, nämlich nicht nur
rücksichtslosen (welt= und gesetzverachtenden), sondern auch
schrankenlosen Genuß des Lebens. Faust will mehr als
er soll und in Wahrheit kann, er will geradezu Alles, er will
in seinem überfliegenden Streben, alles dem Menschen Erreich=
bare und Erreichbarscheinende zu erringen, eben weil es über=
fliegend ist, die empirischen Schranken der Menschheit und
der Individualität sprengen, in der Theorie wie in der Praxis;

in der Theorie gelingt es nicht, da verweigern die Geister den
Dienst, weil eben dieß der Ausgangspunkt des Ganzen sein
sollte, daß Faust auf diesem Gebiete die Befriedigung versagt
wird, und weil es ja auch an sich unmöglich war, selbst poe=
tisch durch Geister Faust die gesuchte Wissensbefriedigung zu
Theil werden zu lassen; aber in der Praxis, da geht es; in
der Praxis hat das Individuum freiere Hand als in der
Theorie, der Himmel ist ihm geschlossen, aber die Welt steht
ihm zu vielerlei überschwenglichem Uebermuth offen, und es
kann somit ganz gut von einem Individuum gedichtet werden,
es habe in einer alle sonstigen Schranken menschlichen und
individuellen Wagens und Vermögens weit überschreiten=
den Weise es in der Welt versucht; nur muß dann auch
gesagt sein, wie das einem menschlichen Individuum möglich
war, und darauf hat nun der dramatische Dichter aus längst
herkömmlicher Vorstellung heraus die Antwort: es war ihm
möglich dadurch, daß es sich mit einem mächtigeren Wesen
als der Mensch, mit einem Zaubergeist verband. Kurz
sollte Faust's Sturm durch die Welt dramatisch möglich
sein, so mußte er einen mächtigen Zaubergeist an der Hand
haben; dieser aber fiel von selbst mit dem Teufel
zusammen, da einerseits Faust's Beginnen zugleich ein
böses, ein Bund mit dem Bösen war, andrerseits der Böse
in der herkömmlichen Vorstellung Zaubermacht genug besitzt,
um Faust in der geforderten Weise zu einem Alles wagenden
und Alles wollenden Unterfangen behülflich zu sein. Da
Faust Alles sein und Alles haben will, so muß er auch in
die Lage gesetzt werden, wirklich Alles haben zu können; dazu
dient Mephistopheles. Ferner: Faust soll im Verlauf des
Drama's durch Erfahrung einsehen, daß nicht ein Alles haben
wollendes Stürmen, sondern ein in die Beschränkung sich treu

und willig fügendes Streben das Wahre ist. Soll er das
wirklich recht klar und kräftig erfahren, so muß er wirklich
es zu gut, zu schrankenlos haben, er muß in eine Art irdi=
scher Allmacht, in eine förmliche Entfeßlung von allen Schran=
ten versetzt werden; so wird er am besten einsehen lernen,
wie gefährlich es ist, ganz frei zu sein, ungehemmt sich Alles
aneignen zu können, wie wenig Freude dabei heraus kommt,
wie sehr man dadurch nur sich und Andern verderblich wird;
mit einem Wort, der Alles wollende Faust muß einen Alles
könnenden Zaubergeist an der Hand haben, um zu lernen,
daß nicht Alles wollen und Alles können, sondern etwas Be=
stimmtes Rechtes wollen und können das Wahre und das
Glücklichmachende ist. Dieser Alles könnende, Faust über
alle Schranken hinwegversetzende, ihm Alles mög=
lich machende, ihm dadurch allerdings auch zu manchem un=
schädlichen Schönen und Interessanten (Mütter, Helena) den
Zugang eröffnende Zaubergeist ist Mephistopheles, und erst
als Letzterer ist er ein dramatisch nothwendiges Organ, das
eigentliche Triebrad des Ganzen, der Maschinist und „Mysta=
gog", ohne welchen Faust nicht von der Stelle käme.

Für's Dritte endlich ist Mephistopheles noch etwas, er
ist nicht bloß der Verführer und der Gelegenheitsmacher, son=
dern er ist, da er einmal Faust's Begleiter ist, von dem Dichter
so charakterisirt, daß der Feind des Menschlichen und
der Gesellschafter des Menschen zu einem unmöglich schöner
zu denkenden poetischen Individuum verschmolzen und dieses
teuflischmenschliche Individuum wieder insbesondere zu
Faust in das schönste Verhältniß sowol der Verwandtschaft
als des Gegensatzes und der aus Beidem hervorgehenden
Wechselwirkung gestellt ist. Es wäre widrig, einen Teufel
rohen alten Schlages mit einem Menschen die Welt durch=

ziehen zu sehen; der Teufel wird daher h u m a n i s i r t, ohne
seine Teufelsnatur einzubüßen. Humanisirt wird er dadurch,
daß das Brutalfurchtbare der eigentlichen Satansvorstellung —
entfernt, der teuflische Begleiter als i n t e l l i g e n t e s und
durch diese seine Intelligenz feineres milderes menschlicheres
Wesen dargestellt wird. Soll der Teufel wirklich als intelli=
gent auftreten, so muß bei ihm die Intelligenz natürlich n e g a=
t i v, p o l e m i s ch erscheinen, da er doch einmal der Vernichter,
der Feind der Welt und Menschheit ist; Mephistopheles ist
daher ein kritischer, mit Beobachten und Beurtheilen der Dinge
sich zu thun machender, die schwachen Seiten aller Dinge
boshaft feindlich, aber ohne plumpe Angriffswuth herauskeh=
render Geist. Schon mit diesem feinern geistigen Element ist
er menschlicher als der alte Satan; aber der Dichter konnte
noch weiter gehen, er konnte ihn auch n a ch d e r S e i t e
d e r S t i m m u n g, d e s W i l l e n s milder, harmloser darstellen.
Da nämlich dem Feind der Dinge das Herausfinden und
Hervorziehen ihrer Schwächen und Fehler vermöge seiner
weltfeindlichen Natur Genuß, Vergnügen ist, so ist es ihm
bei seinem kritischen Geschäft außerordentlich wol und behag=
lich zu Muthe, und in Folge hievon ist er ein heiterer launiger
h u m o r i s t i s ch e r S a t y r i k e r, er ist nicht das gespenstisch
grausame Ungeheuer der ältern Sage, sondern der S ch a l k,
dem es unendliche Befriedigung gewährt, alles Verkehrte und
Verfehlte auszuspüren, zu beschnüffeln, zum Besten zu haben,
er ist der S ch e l m, der sogar eines Anflugs von Gemüth=
lichkeit nicht entbehrt, sofern das Behagen, überall so reichen
Stoff zum Tadeln zu finden und seiner Meinung nach so
überall gegen Gott und Welt Recht zu haben (weil überall
Endlichkeit und Schwäche der Endlichkeit ist), ihn längst so
aufgeräumt und vergnüglich gestimmt hat, daß er wirklich ge=

neigt ift, daß viele Schwache und Schadhafte gehen und leben
zu laſſen, es mit der Anfeindung von Land und Leuten nicht
fo ernſt zu nehmen, die Menſchen nicht allzuhart zu verfolgen;
untergehen ja die Dinge einmal doch, warum alſo ihren Un=
tergang beſchleunigen? ſein gehören ja die Menſchen doch, da
er keinem Gutes zutraut, warum alſo es gar zu arg mit
ihnen machen? Alles, denkt er, iſt ſchlecht und faul, alſo kann
er ruhig zuſehen; in Folge dieſes abſoluten Peſſimismus iſt
er optimiſtiſch, hat er jenen Anflug von Humanität Schonung
Gemüthlichkeit, der ihn zum Begleiter, zum behaglichen und
gefälligen Geſellſchafter eines Menſchen geeignet macht, obwol
wiederum ganz wahr und richtig die habgierigen Teufelskrallen
des ewigen Feindes der Welt ſtets zum Sprung bereit hinter
aller dieſer doch nur launiſchen, nicht ernſtgewollten Freund=
lichkeit hervorſchauen. Aber nicht nur der Menſchheit über=
haupt, ſondern Fauſt insbeſondere iſt Mephiſtopheles vom
Dichter in einer Weiſe näher gerückt, die ſein Werk unendlich
hoch über alle ältern Fauſtdichtungen erhebt. Auf der einen
Seite ſind die Beiden, die einmal zuſammengehen, auch inner=
lich verwandt durch das ihnen gemeinſame negativ kritiſche
Verhalten. Fauſt iſt ſelber ein ſkeptiſcher, ironiſcher Geiſt
geworden, der gleichfalls meint, das Leben ſei nur werth, daß
es zu Grunde gehe; ſomit iſt es ganz treffend, daß dem menſch=
lichen Verneiner der teufliſche an die Seite tritt; ſie paſſen
herrlich zuſammen, wo es' ſich um das Verneinen, um den
Hohn auf menſchliche Thorheiten handelt, daher auch Mephi=
ſtopheles dem Schüler gegenüber geradezu Fauſt's Rolle über=
nehmen kann; Jeder ſieht im Andern Seinesgleichen, dieſer
Fauſt kann dieſen Teufel bald „nicht mehr entbehren", dieſer
Teufel kann dieſen ihm ſelbſt ſo ähnlichen Fauſt wirklich wol
ganz für ſich zu gewinnen hoffen. In einer der Puppenſpiel=

bearbeitungen bleibt Mephistopheles ruhig zu Hause, während
Faust in die Welt hinauszieht; ein lebendiges Wechselverhält=
niß zwischen Beiden hat erst Göthe geschaffen. Nicht minder
sprechend und zur Belebtheit des Ganzen beitragend ist aber
auch der Gegensatz zwischen Faust und Mephistopheles.
Letzterer ist in Allem schlechter, aber in Vielem klüger als
Ersterer, weil er absolut negativ kritisch und daher kühl, be=
geisterungslos, Faust aber negativ kritisch ist ohne darum
kühl und gleichgültig zu sein, vielmehr bei ihm alles Tadeln
und Verurtheilen der Dinge eben daher kommt, daß er der
lebendigst fühlende erregbarste strebensvollste und eben des=
wegen leicht unzufrieden werdende Mensch ist; Faust umge=
kehrt ist besser als Mephistopheles, aber er muß Vieles von
ihm lernen und manche Zurechtweisung von ihm empfangen.
Mephistopheles ist der Kühlere und Klügere und hat daher so
oft Recht gegen Faust; wie überall, so sieht er auch bei Diesem
klar das Verfehlte Unhaltbare Uebertriebene; überall, wo Faust
falsch daran ist, sich irrt übereilt überstürzt, legt er Einsprache
ein und läßt es ihn fühlen, daß er Recht gegen ihn hat; da=
durch vor Allem kommt in das Gedicht das Scharfe, Würzige,
durch das es so einzig in seiner Art ist, die kräftig bittere
Lauge schonungslosen Spottes und Hohnes, der lebendige
Wechsel von Rede und Gegenrede der Beiden, in welchem zu=
dem Recht und Unrecht gar nicht abstrakt auf eine Seite fällt,
sondern an Beide sich vertheilt. Mephistopheles hat meist
Recht mit seiner weltkundigen Verneinung alles Excentrischen,
mit seinem kalten Realismus, der aller idealistischen Ueber=
stiegenheit sogleich die Kühle der verständigen Auffassung, aller
Gefühlsekstase die Ruhe nüchterner Anschauung, aller Selbst=
verblendung die Klarheit unbestochenen Urtheils, allem aus
Uebermaaß des Wollens entstehenden Unmuth die Beschwich=

tigung durch die Unbefangenheit des freien Blicks in die Welt
entgegenstellt; Faust dagegen hat damit Recht, daß er an der
Berechtigung und Wahrheit menschlichen Gefühls, menschlicher
Leidenschaft, menschlicher Begeisterung festhält und daher auch
schließlich selbst den Rückweg zu einem wahrhaft menschlichen
und menschlich beglückenden Leben findet. Aber nicht bloß für
sich selbst schön ist dieses Wechselverhältniß der Beiden; es
ist insbesondere ächt dramatisch. Mephistopheles wird durch
diese Behandlung auch hier weit mehr handelnde, in den Fort=
gang eingreifende Person, als in den ältern Faustdichtungen;
er veranlaßt Faust in die Welt zu gehen, statt nutzlosem
Gram nachzuhängen; während dieser bei aller Unruhe und
Ungeduld seines Geistes doch auch darin wesentlich ächtmensch=
lich fühlender Mensch ist, daß er eine starke Neigung hat, den
Empfindungen und Stimmungen, die ihn stärker ergreifen,
trübselig oder überselig nachzugehen und nachzusinnen, sich in
sie zu versenken und zu vergraben, so bringt ihn Mephistopheles
allemal wieder zur Aktivität, er „reizt und wirkt" immer
wieder, wenn Faust in Unmuth Träumerei Verzückung zurück=
sinken oder neu verfallen will, er macht gegen solche idealistische
Anwandlungen das Recht des realen Lebens und Genießens
geltend, er hilft so Faust selber allerdings auch dazu mit,
realistischer zu werden, zu größerer Zufriedenheit mit der Welt
und zur Freude an praktischer Thätigkeit in der Welt zu ge=
langen, er zieht so wider Willen Faust durch seinen Realis=
mus mit zum Bessern heran, er „muß als Teufel Gutes für
ihn schaffen"; er verliert in Folge davon freilich die Wette
und ist am Ende der Getäuschte und Betrogene, aber diese
Ironie des Gangs der Dinge gegen ihn ist eben ächt drama=
tisch; im Faustbuch ist Alles von Anfang an fertig und keine
Entwicklung möglich, aber hier ist sie da, Faust wird gegen

Erwarten gerade auch durch seinen Bund mit dem Bösen
wieder gut und glücklich, der Böse wird wider Wissen und
Wollen durch seinen Angriff auf Faust Werkzeug des guten
Prinzips, eine herrliche Peripetie, die in keinem Drama groß=
artiger angelegt und lebensvoller durchgeführt ist.

Fassen wir jetzt Alles zusammen, so ist Mephistopheles
der Vertreter der allen Dingen anhaftenden, hinter aller Schön=
heit des Lebens lauernden, alle Herrlichkeit des Daseins ver=
führerisch zum Abgrund lockenden Macht der Endlichkeit, er
ist die Gewalt der Vernichtung, die Alles bedroht, weil Alles
den Keim theils der Schwäche theils der sich selbst zerstören=
den Maaßlosigkeit in sich trägt, die Gewalt der Vernichtung,
welcher somit auch Faust durch das Uebermaß seines Wollens
anheimzufallen in Gefahr war, welcher er aber auch sich ent=
wand, weil er die innere Haltung nie ganz verlor und end=
lich sie ganz wieder gewann; er ist demgemäß individualisirt
als der Welt= und Menschenfeind, der mit Bewußtsein und
Absicht überall nur vernichten will und daher, um auch Faust
zu vernichten, dessen übermäßigem Wollen verführerisch fördernd
und steigernd entgegenkommt, aber sein Spiel verliert, in erster
Linie, weil Faust's edlere Natur dieses sein Entgegenkommen
nicht bloß zum Schlechten, sondern mehr und mehr zum Guten
gebraucht, in zweiter, weil er selbst durch die vernichtend bittere
Ironie, welche er in seiner Menschenfeindlichkeit doch wiederum
gerade gegen alles Uebermaaß menschlicher Bestrebungen zu
kehren nicht umhin kann, Faust wider die eigene Absicht auch
dazu mithilft, zur Mäßigung seiner übertriebenen Ansprüche
und damit zu der Selbstbeschränkung zurückzukommen, welche
der sicherste Hort des Lebens gegen alle ihm gefährlichen
feindlichen Gewalten ist. Die dichterische Personifikation scheint
freilich mit diesem letztern „unabsichtlich pädagogischen" Element

etwas in die Figur des Mephistopheles gelegt zu haben, das im Begriffe des Bösen nicht mehr liegt, sondern bereits über denselben hinausgeht; nicht sofern er die Vernichtung und Zerstörung, sondern nur sofern er der poetisch individualisirte Kenner und Beurtheiler menschlicher Schwächen und Verkehrt= heiten ist, kann er, wie es scheint, bildend auf Faust einwirken. Aber der Dichter hatte das volle Recht diesen Ueberschuß über den Begriff des Bösen in den persönlichen Vertreter desselben hineinzulegen, einmal: weil die von Letzterem ausgeübte, auf Faust heilsam wirkende Kritik der Welt und Menschheit mit dem Wesen des Bösen als weltfeindlicher Macht begrifflich durchaus einstimmt, ja ganz Dasselbe ist, und für's Zweite: weil es ja wahr ist, daß die Erfahrung des Bösen, das Ken= nenlernen des Bösen den Menschen gerade vom Bösen wieder= um zurückbringen, somit in gewissem Sinne selbst das Böse „pädagogisch", heilsam und gut wirken kann; gebrannte Kin= der lernen das Feuer fürchten; wer dem Princip maaßloser Willkür Raum gibt, lernt das Verderbliche desselben und die Schranken menschlicher Macht sicher kennen und kann durch diese Einsicht gebessert werden, wie Faust es wird.

IX. Die Aufführung.

Einige Bemerkungen und Wünsche in Betreff der thea=
tralischen Darstellung des Faustgedichts möchte ich nicht mit
Stillschweigen übergehen.

Mozart's Don Juan wird zuweilen bei besonders fest=
lichen Anlässen mit der Schlußscene aufgeführt, gewiß nicht
zum Schaden des Ganzen, das erst mit ihr sachlich und mu=
sikalisch beruhigt ausklingt. Etwas Aehnliches möchte ich
Göthe's Faust wünschen, daß er nämlich wenn nicht immer
so doch hin und wieder mit dem Prolog im Himmel
begonnen würde, der die versöhnende Aussicht auf den guten
Ausgang eröffnet und zugleich von der hohen tiefgreifenden
Bedeutsamkeit der ganzen Handlung erst eine genügende An=
schauung gibt durch die himmlischen Personen, die er ver=
sammelt, durch die erhabenen Reden, die er ihnen in den
Mund legt, durch die glorienhafte Pracht der Scenerie, die
er voraussetzt. Natürlich: Engel ohne Flügel, ihre erhabenen
Worte entweder geradezu in Singchöre verwandelt oder doch
recitativisch mit Begleitung vorgetragen, der Herr hinter
Strahlenglanz ganz oder fast verschleiert, ein Ausblick auf
die himmlischen Sphären, auf Sonne und Gestirne („gebraucht
das groß' und kleine Himmelslicht, die Sterne dürfet ihr ver=
schwenden"), und zu Anfang eine (kurze) Musik, welche das
erhebende Aufgehen des Himmels vorbereitet und damit zugleich

die doch nie ganz zu lösende Aufgabe einer (nicht zu um=
fassenden) „Faustouvertüre" beseitigt. Nachdem der Prolog
gesprochen ist, verziehen sich einfach die Wolken, über denen
die Herrlichkeit des Himmels sich aufgethan, und Faust wird
sogleich sichtbar in der trüben Erdenenge seiner Marter=
kammer. — Daß die Scene im Dom nicht, wie ich es
schon gesehen, auf die Straße verlegt, daß vielmehr der Dom
selbst geöffnet, der Gottesdienst wirklich sichtbar, die Requiems=
musik mit ihren vollen majestätisch schmerzlichen Schauern
nicht blos aus der Ferne kümmerlich hörbar, sondern scenisch
und musikalisch Alles angewandt werde, um der unendlichen
Großartigkeit des Auftritts keinen Abbruch zu thun, versteht
sich im Grunde zu sehr von selbst, als daß länger davon die
Rede zu sein brauchte. Die Religion und Kirche, wenn sie
so wie hier auf das Theater kommt, verliert gewiß nichts von
ihrer Würde, im Gegentheil: sie kann nur gewinnen und mit
ihr die dramatische Poesie, die sich in neueren Zeiten der
religiösen Motive nicht zu ihrem Vortheil so ganz entschla=
gen hat.

Auch der zweite Theil kann am Ende noch den Weg
auf die Bühne sich erobern. So reich ist auch die deutsche
Litteratur nicht, daß man was man hat so leicht über Bord
werfen könnte, wie es bisher mit diesem Theile geschehen ist.
Weglassen und abkürzen wird man freilich Vieles im zweiten
dritten und fünften Akt; aber das hätte nichts zu sagen.
Wird man vielleicht endlich irgendwo auf den Gedanken kom=
men, Göthe zu Ehren dieses großartige Fastnachtspiel so weit
zu geben, als man es geben kann? fehlen etwa die Mittel
zu Sonnenaufgängen, Elfenchören, Maskenzügen, Festspielen
wie das von Helena und Paris, Schlachten wie die zwischen
Kaiser und Gegenkaiser, Mittel für die englischen Gesänge

und himmlischen Erscheinungen am Schlusse? Ich glaube
nicht; man hat das Alles im Ueberfluß, wenn man nur will.
Der zweite Theil Faust's, sagt auch Rosenkranz, wird,
wenn nur erst zu ihm die nöthige Musik komponirt wäre,
die Theaterprobe bestehen wie der erste, denn er ist nicht we=
niger theatralisch gedacht und opernbühnenmäßig gearbeitet ⁸⁰).
Ein Bedürfniß, ein Wunsch auch mit diesem zweiten Theil es
zu versuchen wird immer mehr rege werden, je bekannter er
wird, und es wird sich stets behaupten, weil der erste doch
blos Bruchstück ist; Verstand und Schönheitssinn fordern
schließlich unerbittlich ein Ganzes und Vollendetes. Muth
Freigebigkeit Begeisterung und Humor gehören freilich dazu,
einen solchen Versuch zu wagen; aber die rechte Zeit, der
rechte Anlaß darf nur kommen, so werden sich auch jene in=
nern Bedingungen leichter finden, als es jetzt noch den An=
schein haben mag.

1) S. 1. Vischer, die Litteratur über Göthe's Faust, Hallische Jahr=
bücher für deutsche Wissenschaft und Kunst. Jahrg. 1839. Nr. 9. ff.
Wieder abgedruckt in der Schrift: Kritische Gänge. 1844. II. S. 49
bis 215.

2) S. 2. Weiße, Kritik und Erläuterung des Göthe'schen Faust. 1837.

3) S. 2. Vischer, kritische Bemerkungen über den ersten Theil von
Göthe's Faust. 1857. Vgl. die Vorrede zu den Kritischen Gängen,
S. VI. f. XXXVII—L.

4) S. 2. Dünzer, Göthe's Faust. Erster und zweiter Theil. Zweite
Auflage. 1857.

5) S 14. Vgl. Werther's Leiden, Briefe vom 17. und 26. Mai,
11. Junius; besonders aber den vom 18. August, eine treffliche Pa=
rallele zu Faust. Briefe aus der Schweiz, erste Abtheilung.
S. 1—3.

6) S. 15. Scheible, Kloster III. 244.

7) S. 19. Göthe's Briefe an Auguste von Stolberg, S. 79. f.;
das Ganze überhaupt für die nähere Anschauung der Seelenstimmun=
gen, unter denen Faust gedichtet wurde, sehr schätzbar.

8) S. 24. Vgl. besonders den Schluß des oben angeführten Briefs in
Werther's Leiden vom 18. August.

9) S. 26. Dünzer, S. 310.

10) S. 36. Den Stellen: „Dem Wurme gleich ich, den — des Wan=
drers Tritt vernichtet und begräbt", „Ich, dessen freie Kraft schaffend
Götterleben zu genießen sich ahnungsvoll vermaaß", entspricht wiederum
sehr genau der in Anm. 8. angeführte Brief gegen den Schluß hin.

11) S. 51. Scheible, Kloster XI. 350. f.

12) S. 87. Dünzer, S. 99.

13) S. 89. Eckermann, Gespräche mit Göthe, III. 170. f.

14) S. 100. Plato, Phädrus K. 27. 28

15) S. 101. Zeller, die Philosophie der Griechen, III. 740. Kirch=
ner, die Philosophie Plotin's, S. 60. Ueber Göthe's Bekanntschaft
mit den plutarchischen Stellen f. Dünzer S. 491.

16) S. 103:

> Du bist kein Traumbild, wie ich dich erblicke:
> Du warst, du bist. Die Gottheit hatte dich
> Vollendet einst gedacht und dargestellt.
> So bist du theilhaft des Unendlichen,
> Des Ewigen, und bist auf ewig mein.
> Natürliche Tochter, Akt 3. Sc. 4.

17) S. 105. Hartung, ungelehrte Erklärung des Göthe'schen Faust, 1855, S. 192. ff. Ueber die mythologische Bedeutung der Mütter f. Welcker, alte Denkmäler II. 154. ff.

S.18) 106. Gervinus, Geschichte der deutschen Dichtung. 4te Aufl. V. 113.

19) S. 114. Scheible, Kloster III. 542. ff.

20) S. 116. Gervinus scheint den Homunkulus gleichfalls so zu nehmen, wenn er V. 656 sagt: „jener Rivale des alten Führers, der es mit seiner Tendenz zum Schönen und Thätigen über diesen ge- winnt, das überraschende Geschöpf des pedantischen Stubinns und eines mechanischen Zeugungsprozesses, führt den Betäubten aus den nordwestlichen Regionen" u. f. w.

21) S. 117. Eckermann, II. 155.

22) S. 133. Simrock, deutsche Mythologie, S. 443.

23) S. 142. Vischer, Kritische Gänge, II. 103. 201. Dünzer S. 789.

24) S. 149. (Göschel) Ueber Göthe's Faust und dessen Fortsetzung. 1824. Von Demselben: Herold's Stimme zu Göthe's Faust. 1831.

25) S. 149. Hinrichs, ästhetische Vorlesungen über Göthe's Faust. 1825.

26) S. 150. Rosenkranz, Göthe und seine Werke. S. 386. ff.

27) S. 150. Carus, Briefe über Göthe's Faust. 1835. — Die Schrift von Asher: Schopenhauer als Interpret von Göthe's Faust 1859, gibt interessante Parallelen zwischen Schopenhauerischem und Fau- stischem „Pessimismus", behandelt aber das Gedicht wieder in der ältern einseitig philosophischen Art blos als Material, an das die Entwicklung eigener schon mitgebrachter Ideen angeknüpft wird. — Am wenigsten abstrakt philosophisch, am meisten in die Sache ein- gehend sind mit Ausnahme einzelner Passus im alten „scholastischen" Geschmack die S. 64 angeführten, freilich sehr rapiden und besul- torischen „Spaziergänge durch Göthe's Faust" (von Ruge?) in den „Epigonen" Jahrg. 1846.

28) S. 151. Auch Schiller faßt in der Abhandlung über naive und sentimentale Dichtung den Faustcharakter sehr bestimmt, obwol ohne nähere Ausführung, mit Werther, Tasso u. f. w. zusammen.

29) S. 153. Göbeke, Grundriß zur Geschichte der deutschen Dichtung, I. 724.

30) S. 183. Rosenkranz, Aesthetik des Häßlichen, S. 73.